就業規則・給与規程の
決め方・運用の仕方

荻原 勝 著
Masaru Ogihara

経営書院

まえがき

　就業規則は、社員の労働条件と服務規律を定めたものです。

　社員は、就業規則で定められた労働条件と服務規律を遵守して、会社に労務を提供する義務を負っています。

　一方、会社は、就業規則で定められた労働条件に従って社員を労働させる義務を負っています。給与の決め方や労働時間・休日・休暇などについて、就業規則を下回る処遇をすることは認められていません。

　労働基準法は、「常時10人以上の社員を使用している使用者は、就業規則を作成し、これを労働基準監督署に届け出なければならない」と定めています。

　社員の雇用管理・人事管理を統一的かつ効率的に行っていくうえで、就業規則の作成は必要不可欠です。

　就業規則の作成に当たっては、

　・労働法令との適合性

　・分かりやすさ

に十分配慮する必要があります。

　労働の分野については、労働基準法をはじめとして、労働安全衛生法、男女雇用機会均等法、高年齢者雇用安定法などさまざまな法令が制定されています。就業規則は、法令に沿ったものでなければなりません。

　労働法令に違反する内容を定めた就業規則は、無効です。

　労働法令は、経済社会の動向に伴って、改正・新設が行われます。改正されたり、あるいは新しい法令が成立・施行されたりしたときは、それに合わせて就業規則の内容を変更しなければなりません。

　また、就業規則は、一般の社員に適用されるものです。したがって、一般の社員が理解しやすいものであることが求められます。難解な用

i

語を使用したものや、複雑な表現方法のものは、就業規則としては不適格です。

　本書は、就業規則の作成と運用の方法を解説したものです。執筆に当たっては、内容の分かりやすさと実務性に十分配慮しました。さらに、就業規則の運用において使用される主要な様式（届出書・通知書）も、掲載しました。

　使用上の便宜を考慮し、次の4部構成としました。

　　　　第1部　就業規則
　　　　第2部　給与規程
　　　　第3部　退職金規程
　　　　第4部　パートタイマー就業規則

　本書が就業規則の新規作成または見直し（変更）の現場において役に立つことができれば幸いです。

　最後に、本書の出版に当たっては、経営書院の皆さんに大変お世話になりました。ここに記して、厚く御礼申し上げます。

　　　　　　　　　　　　　　　　　　　　　　　　　荻原　　勝

『就業規則・給与規程の決め方・運用の仕方』

目　次

まえがき

第1部　就業規則

はじめに～労働基準法の規定～

1　就業規則とは ……………………………………………… 3

2　就業規則の作成義務 ……………………………………… 4

3　就業規則の記載事項 ……………………………………… 5

4　労働組合の意見を聴く …………………………………… 7

5　就業規則と法令との関係 ………………………………… 7

6　労働基準監督署への届出 ………………………………… 8

7　社員への周知 ……………………………………………… 10

8　就業規則の効力 …………………………………………… 10

9　就業規則の不利益変更 …………………………………… 11

第1章　総則

1　就業規則の目的（第1条）……………………………… 13

2　適用範囲（第2条）……………………………………… 14

3　遵守の義務（第3条）…………………………………… 15

第2章　採用時の手続き

1　労働条件の明示（第4条）……………………………… 16

2　採用時の提出書類（第5条）…………………………… 17

3　身元保証人（第6条）…………………………………… 18

iii

4　個人情報の利用（第7条）・・・・・・・・・・・・・・・・・・・・・・・・・・・・・・・・・・ 20

5　試用期間（第8条）・・ 21

第3章　服務規律

1　業務遂行上の心得（第9条）・・・・・・・・・・・・・・・・・・・・・・・・・・・・・ 25

2　セクハラ・マタハラ・パワハラの禁止（第10条）・・・・・・・ 27

3　情報システム利用上の心得（第11条）・・・・・・・・・・・・・・・・・ 29

4　出退勤の心得（第12条）・・・・・・・・・・・・・・・・・・・・・・・・・・・・・・・・・ 30

5　入場の禁止（第13条）・・・・・・・・・・・・・・・・・・・・・・・・・・・・・・・・・・・ 32

6　欠勤・遅刻・早退の手続き（第14条）・・・・・・・・・・・・・・・・・・ 32

第4章　勤務時間、休日および休暇

第1節　勤務時間、休憩および休日

1　勤務時間（第15条）・・・・・・・・・・・・・・・・・・・・・・・・・・・・・・・・・・・・・ 34

2　休憩（第16条）・・ 37

3　休日（第17条）・・ 39

第2節　時間外勤務および休日勤務

1　時間外勤務（第18条）・・・・・・・・・・・・・・・・・・・・・・・・・・・・・・・・・・ 41

2　休日勤務（第19条）・・・・・・・・・・・・・・・・・・・・・・・・・・・・・・・・・・・・ 50

3　代休（第20条）・・・ 51

4　大規模災害時の特例（第21条）・・・・・・・・・・・・・・・・・・・・・・・ 52

第3節　社外勤務（事業場外労働）の取り扱い等

1　社外勤務（事業場外労働）の取り扱い（第22条）・・・・・・・ 53

2　専門業務型裁量労働制（第23条）・・・・・・・・・・・・・・・・・・・・・ 56

3　企画業務型裁量労働制（第24条）・・・・・・・・・・・・・・・・・・・・・ 59

4　適用除外（第25条）・・・・・・・・・・・・・・・・・・・・・・・・・・・・・・・・・・・・ 62

第4節　休暇

1　年次有給休暇（第26条）・・・・・・・・・・・・・・・・・・・・・・・・・・・・・・・ 65

2　年次有給休暇の時季指定（第27条）‥‥‥‥‥‥‥‥‥　72

　　3　年次有給休暇の計画的付与（第28条）‥‥‥‥‥‥‥‥　76

　　4　特別休暇（第29条）‥‥‥‥‥‥‥‥‥‥‥‥‥‥‥‥　78

　　5　生理休暇（第30条）‥‥‥‥‥‥‥‥‥‥‥‥‥‥‥‥　79

　　6　産前産後休暇（第31条）‥‥‥‥‥‥‥‥‥‥‥‥‥‥　80

　　7　通院休暇（第32条）‥‥‥‥‥‥‥‥‥‥‥‥‥‥‥‥　81

　　8　公民権の行使（第33条）‥‥‥‥‥‥‥‥‥‥‥‥‥‥　82

第5章　育児および介護

第1節　育児休職等

　　1　育児休職（第34条）‥‥‥‥‥‥‥‥‥‥‥‥‥‥‥‥　83

　　2　育児のための短時間勤務（第35条）‥‥‥‥‥‥‥‥‥　88

　　3　看護休暇（第36条）‥‥‥‥‥‥‥‥‥‥‥‥‥‥‥‥　91

　　4　育児のための時間外勤務の制限（第37条）‥‥‥‥‥‥　93

第2節　介護休職等

　　1　介護休職（第38条）‥‥‥‥‥‥‥‥‥‥‥‥‥‥‥‥　96

　　2　介護のための短時間勤務（第39条）‥‥‥‥‥‥‥‥‥　100

　　3　介護休暇（第40条）‥‥‥‥‥‥‥‥‥‥‥‥‥‥‥‥　105

　　4　介護のための時間外勤務の制限（第41条）‥‥‥‥‥‥　107

第6章　給与および退職金

　　1　給与（第42条）‥‥‥‥‥‥‥‥‥‥‥‥‥‥‥‥‥‥　109

　　2　退職金（第43条）‥‥‥‥‥‥‥‥‥‥‥‥‥‥‥‥‥　110

第7章　異動、休職、退職および解雇

　　1　異動（第44条）‥‥‥‥‥‥‥‥‥‥‥‥‥‥‥‥‥‥　111

　　2　出向（第45条）‥‥‥‥‥‥‥‥‥‥‥‥‥‥‥‥‥‥　115

　　3　休職（第46条）‥‥‥‥‥‥‥‥‥‥‥‥‥‥‥‥‥‥　118

4 休職期間（第47条）……………………………… 120

5 退職（第48条）…………………………………… 124

6 自己都合退職（第49条）………………………… 125

7 定年（第50条）…………………………………… 128

8 定年後の再雇用（第51条）……………………… 129

9 普通解雇（第52条）……………………………… 135

10 解雇制限（第53条）……………………………… 139

第8章　安全衛生

1 安全衛生（第54〜56条）………………………… 141

2 健康診断（第57・58条）………………………… 143

第9章　災害補償

1 災害補償（第59条）……………………………… 145

2 補償の打ち切り（第60条）……………………… 149

3 補償の例外（第61条）…………………………… 149

第10章　表彰および懲戒

1 表彰（第62条）…………………………………… 151

2 懲戒（第63・64条）……………………………… 152

3 懲戒制度の運用（第65〜70条）………………… 159

4 損害賠償（第71条）……………………………… 162

（まとめ）就業規則全文 ………………………………… 164

第2部 給与規程

第1章 総則

1 規程の目的（第1条）………………………………… 191

2 給与の構成（第2条）………………………………… 192

3 給与の形態（第3条）………………………………… 193

4 給与の支払い（第4～7条）………………………… 195

5 日割計算および時間割計算（第8条）……………… 197

6 平均賃金（第9条）…………………………………… 199

第2章 基本給

1 基本給（第10条）……………………………………… 201

第3章 諸手当

1 生活補助手当（第11・12条）………………………… 203

2 職務手当（第13～16条）……………………………… 208

3 通勤手当（第17条）…………………………………… 212

第4章 所定外給与

1 時間外勤務手当（第18条）…………………………… 215

2 休日勤務手当（第19条）……………………………… 222

3 深夜勤務手当（第20条）……………………………… 223

4 時間外・休日勤務手当の不支給（第21条）………… 224

第5章 昇給

1 昇給の時期と対象者（第22～24条）………………… 226

2 昇給の基準（第25条）………………………………… 228

vii

| | 3 | ベースアップ ……………………………………… | 235 |

第6章　不就業の取り扱い

1	欠勤等の控除（第26・27条）………………………	236
2	休職者等の給与（第28・29条）……………………	239
3	休業手当（第30条）…………………………………	240
4	業務上の災害（第31条）……………………………	240

第7章　賞与

| 1 | 賞与の支給対象者と計算期間（第32〜35条）……… | 242 |
| 2 | 賞与の支給基準（第36条）………………………… | 247 |

（まとめ）給与規程全文 ……………………………………… 254

第3部　退職金規程

第1章　総則

| 1 | 規程の目的（第1条）……………………………… | 265 |
| 2 | 支給要件（第2条）………………………………… | 265 |

第2章　退職金の算定

1	退職金の算定（第3・4条）………………………	267
2	自己都合退職の減額（第5条）……………………	270
3	功労加算（第6条）…………………………………	271
4	早期退職優遇制度 …………………………………	271

第3章　退職金の支払い

1　退職金の支払い（第7～9条） ……………………………… 274

2　死亡退職のとき（第10条） ………………………………… 275

第4章　解雇者の取り扱い等

1　解雇者の取り扱い（第11条） ……………………………… 276

2　退職金の返還請求等（第12・13条） ……………………… 276

（まとめ）退職金規程全文 …………………………………… 278

第4部　パートタイマー就業規則

第1章　総則

1　就業規則の目的（第1条） ………………………………… 285

2　法令との関係（第2条） …………………………………… 286

3　遵守の義務（第3条） ……………………………………… 287

第2章　採用時の手続き

1　労働条件の明示（第4条） ………………………………… 288

2　提出書類（第5～7条） …………………………………… 289

第3章　雇用期間、退職および解雇

1　雇用期間（第8～13条） …………………………………… 292

2　無期雇用への転換（第14・15条） ………………………… 295

3　雇止め（第16条） …………………………………………… 296

4　退職（第17・18条） ………………………………………… 297

ix

5　解雇（第19条）……………………………………… 298

第4章　服務規律

　　1　服務上の心得（第20〜23条）…………………… 300

　　2　出退勤の心得（第24条）………………………… 302

　　3　欠勤・遅刻・早退の手続き（第25条）………… 303

第5章　勤務時間、休日および休暇

　　1　勤務時間、休憩および休日（第26〜29条）…… 304

　　2　年次有給休暇（第30・31条）…………………… 306

　　3　看護休暇・介護休暇等（第32〜34条）………… 308

第6章　給与

　　1　時間給の決定基準と支払い（第35〜39条）…… 310

　　2　時間外・休日勤務手当（第40・41条）………… 312

　　3　欠勤・遅刻等の控除（第42条）………………… 313

　　4　昇給（第43条）…………………………………… 314

　　5　賞与（第44条）…………………………………… 315

第7章　安全衛生および災害補償

　　1　安全衛生（第45〜47条）………………………… 320

　　2　災害補償（第48条）……………………………… 321

第8章　表彰および懲戒

　　1　表彰および懲戒（第49〜51条）………………… 322

　　2　損害賠償（第52条）……………………………… 325

　（まとめ）パートタイマー就業規則全文 ……………… 326

第1部
就業規則

はじめに〜労働基準法の規定〜
第1章　総則
第2章　採用時の手続き
第3章　服務規律
第4章　勤務時間、休日および休暇
第5章　育児および介護
第6章　給与および退職金
第7章　異動、休職、退職および解雇
第8章　安全衛生
第9章　災害補償
第10章　表彰および懲戒

はじめに
～労働基準法の規定～

1　就業規則とは

　会社の経営を組織的・効率的に行うためには、労働時間・休憩時間・休日・休暇・給与など、社員の労働条件を、会社の業務内容に応じて統一的に決めることが必要である。

　社員一人ひとりによって、「始業時刻、終業時刻および労働時間が異なる」「休日が異なる」「給与の決め方が異なる」「給与の支払日が異なる」というのでは、人事・総務部門の手間がかかり、管理コストが増えるばかりである。

　また、会社は、二人以上の社員が仕事をする組織であるから、社員が守るべき服務規律をはっきりと決めておくことも必要である。服務規律が決められていないと、職場の秩序が乱れ、業務の効率化が図られない。

　就業規則は、
　・社員の主要な労働条件
　・社員が守るべき服務規律
を取りまとまたものである。

　会社の業務内容と規模を踏まえて合理的な就業規則を作成し、その内容に沿って社員の人事管理・労務管理を行うことは、会社経営を効

率的・組織的に行っていく上において、きわめて重要である。

2　就業規則の作成義務

⑴　10人以上の事業場

　就業規則は、主要な労働条件を定めたものであるから、社員にとっても重要な関心事項である。誰もが就職先を選択するに当たって、「1日、1週の労働時間は何時間か」「週休はどうなっているか」「給与は、どのような基準で決められ、支払日はいつか」などを重視する。労働時間や給与などの労働条件を考慮しないで就職先を決める者はいない。

　このため、労働基準法は、「常時10人以上の労働者を使用している使用者は、就業規則を作成し、労働基準監督署に届け出なければならない」と定めている（第89条第1項）。

　就業規則は、事業場ごとに作成することになっている。本社のほかに、工場、支店、営業所を置いている会社の場合には、本社、工場、支店および営業所ごとに作成しなければならない。ただし、全事業場同一の就業規則を作成している会社の場合には、本社を管轄する労働基準監督署だけに届ければよい。

　「10人」は、正社員だけではない。パートタイマー、契約社員、嘱託社員などの非正社員も含まれる。したがって、例えば、正社員3人、パートタイマー7人、計10人の事業場も、就業規則を作成しなければならない。

　「10人以上」は、会社全体ではなく、事業場ごとにカウントすることになっている。したがって、会社全体では何十人、何百人の社員を雇用していても、個々の事業場をみると、10人未満の会社は、就業規則を作成する義務はない。例えば、会社全体では300人雇用していても、A店舗5人、B店舗8人、C店舗9人、D店舗3人・・・という具合に、事業場単位でみると10人未満の会社は、作成する義務はない。

　また、本社は30人、それ以外の事業場は10人未満の会社は、本社だ

けが作成する義務があり、それ以外の事業場は、作成する義務はない。

⑵ 10人未満の事業場

　このように、10人未満の事業場は、就業規則を作成すべき法律上の義務はない。しかし、就業規則の作成は、

・社員の人事管理、労務管理を統一的・効率的に行える

・職場の秩序と規律を維持できる

・社員に対して安心感を与えられる

などのメリットがある。このため、就業規則を作成するのが望ましいといえよう。

3　就業規則の記載事項

⑴ 労働基準法の規定

　労働基準法は、就業規則に記載すべき事項を定めている（第89条第1項）。

　就業規則の記載事項は、

・必ず記載しなければならない事項（絶対的必要記載事項）

・定めがあれば記載すべき事項（相対的必要記載事項）

の2つに区分されている。

　記載事項を一覧にして示すと、図表のとおりである。

図表０－１　就業規則の記載事項

必ず記載すべき事項	定めがあれば記載すべき事項
①　始業・終業時刻、休憩時間、休日、休暇、交替制勤務の場合は交替要領 ②　賃金の決定、計算および支払の方法、賃金の締切りおよび支払の時期、昇給 ③　退職に関する事項（解雇の事由を含む）、	①　退職金、賞与、最低賃金 ②　食費、作業用品等、社員に負担させる事項 ③　労働安全事項 ④　職業訓練 ⑤　災害補償、私傷病扶助事項 ⑥　表彰、制裁事項 ⑦　その他

(2) 賞与と退職金

　給与（賃金）は、社員の生活を支える重要な労働条件である。社員は誰もが「給与は、どのような基準で決められるのか」「給与の支払いは、どのようになっているのか」に強い関心を持っている。給与の決定基準や支払いについて、無関心の者はいないであろう。このため、給与に関することは、就業規則に必ず記載しなければならない事項とされている。

　これに対して、賞与は、制度があれば記載すべき事項とされている。賞与を定期的に支払っていない会社の場合は、記載する必要はない。しかし、定期的に支払っている会社は、

　・賞与の支給対象者

　・賞与の決定基準

　・賞与の計算期間

　・賞与の支給時期

などを明記することが必要である。

　退職金も、賞与と同じように、制度があれば記載すべき事項とされている。退職金制度のない会社は、特に記載する必要はない。退職金制度のある会社は、

　・退職金の支給対象者

　・退職金の計算方法

　・退職金の支給時期

　・退職金の支給方法

などを記載しなければならない。

(3) 募集・採用に関する事項

　就業規則は、社員を対象として作成されるものである。このため、社員として雇用する前のこと（募集・採用活動）は、いっさい記載する必要はない。例えば、次の事項は、記載する必要はない。

・募集の対象者

・募集の方法

・応募者に提出を求める書類

・採用選考の方法

・採用の基準

4　労働組合の意見を聴く

就業規則は、社員の労働条件と服務規律を定めたものである。その内容は、社員の生活に大きな影響を与える。このため、労働基準法は、「使用者は、就業規則の作成または変更について、労働組合（労働組合がないときは、社員の過半数を代表する者）の意見を聴かなければならない」と規定している（第90条第1項）。

「意見を聴く」とは、就業規則の内容について、賛成か反対か、あるいは、変更を希望する箇所があるかどうか、変更を希望する場合には、具体的にどのように変更して欲しいのかについて、意見を求めることであり、協議したり、同意を求めたりすることではない。労働組合の意見を求めればそれでよい。

当然のことながら、労働組合または社員代表が「この個所は、このように変更して欲しい」と申し出たときに、誠実に協議することが望ましい。

労働組合がない場合は、社員の過半数を代表する者の意見を求めることになるわけであるが、社員の代表者は、投票、挙手、話し合い、その他民主的な方法で選ばれることが必要である。会社が一方的に役職者を「社員代表」として指名し、その者から意見を求めるようなことがあってはならない。

5　就業規則と法令との関係

労働については、さまざまな法令が施行されている。

労働基準法は、就業規則と法令との関係について、「就業規則は、法令に反してはならない」（第92条第1項）、「労働基準監督署は、法令に抵触する就業規則について、変更を命ずることができる」（同第2項）と規定している。

　例えば、労働基準法は、労働時間、休日および年次有給休暇について、

・労働時間は、1週40時間、1日8時間を超えてはならない

・休日は、1週少なくとも1日以上でなければならない

・継続して6か月以上勤務した者に対しては、10日以上の有給休暇を与えなければならない

などと規定している。

　したがって、就業規則において、

・労働時間は、1週54時間、1日9時間とする

・休日は、2週につき1日とする

・継続して6か月以上勤務した者に対しては、5日の有給休暇を与える

などと定めることは、認められない。

　就業規則の作成に当たっては、法令に十分注意を払うことが必要である。

6　労働基準監督署への届出

　就業規則を作成したときは、これを労働基準監督署へ届け出ることになっている（労働基準法第89条第1項）。

　届出に際しては、労働組合（労働組合のない場合は、社員の過半数を代表する者）の意見書を添付することになっている。

　意見書の内容は、特に制限されていない。就業規則の多くの項目に反対するという内容であっても、差し支えない。

　また、意見書の相手先は、会社であって、労働基準監督署ではない。

労働基準監督署への届出と労働組合の意見書の添付は、就業規則の変更の場合にも適用される。

様式例０－１　労働基準監督署への届出

```
                                      ○○年○○月○○日
○○労働基準監督署長殿

                      東京都○○区○○町○番地○番○号
                      ○○株式会社取締役社長○○○○印
                   就業規則作成届
　就業規則を別紙のとおり作成しましたので、労働組合の意見書を
添えてお届けします。
                                            以上
```


様式例０－２　意見書

(1)　異議がない場合

```
                                      ○○年○○月○○日
取締役社長○○○○殿

                      ○○労働組合執行委員長○○○○印
                   就業規則についての意見書
　就業規則について、特に異議はありません。
                                            以上
```

(2)　異議がある場合

```
                                      ○○年○○月○○日
取締役社長○○○○殿

                      ○○労働組合執行委員長○○○○印
                   就業規則についての意見書
　就業規則について、次のとおり変更するよう要望します。
　１　第○条　所定労働時間を７時間30分とすること。
　２　第○条　定年を65歳とすること。
　３　第○条　時間外労働の割増率を30％とすること。
                                            以上
```

9

7 社員への周知

　労働基準法は、「使用者は、就業規則を社員に周知させなければならない」と規定している（第106条）。

　就業規則は、社員の労働条件と服務規律を定めたものであり、社員に適用される。社員がその内容を知らなければ、規則を作成する意味はない。社員への周知は、当然のことであろう。

図表0-2　就業規則の周知の方法

① 　常時、各作業場の見やすい場所に掲示し、または備え付けること。
② 　書面を社員に交付すること。
③ 　磁気テープ、磁気ディスクその他これらに準ずる物に記録し、かつ、各作業場に社員がその記録の内容を常時確認できる機器を設置すること。

（注）労働基準法施行規則第52条の2

8 就業規則の効力

　就業規則は、社員を拘束するという効力を持っている。すなわち、社員は、就業規則に従って勤務しなければならないという義務を負う。

　例えば、就業規則において「勤務時間は、休憩時間を除き、1日8時間とし、始業時刻は午前9時、終業時刻は午後6時とする」と定められると、社員は、午前9時から午後6時まで、休憩時間を除いて8時間勤務すべき義務を負う。

　また、「会社は、業務の必要により、労働組合と協定した範囲において、時間外勤務を命令することがある」と定められると、社員は、会社と労働組合との間で締結された協定の範囲内で時間外勤務を行う義務を負う。

さらに、人事異動について、「会社は、業務上の都合により、職種、職場、または勤務地の異動を命令することがある」と定められている場合には、社員は、会社の命令に応じて、職種、職場または勤務地の異動に応じる義務を負う。

社員は、合理的な理由がないのに、就業規則に反する行動を選択することは認められていない。

会社は、就業規則に違反する社員を「就業規則に違反する」という理由で懲戒処分にすることができる。

9　就業規則の不利益変更

就業規則を変更し、労働条件を低下させる措置を一般に「就業規則の不利益変更」という。

売上の不振など経営が危機に陥った場合に、コストの削減を目的とし、窮余の一策として、不利益変更が行われる。

労働条件の低下は、社員の生活に大きな影響を与えるので、基本的には認められていない。使用者は、本来的に労働条件の向上に努めるべきであり、安易に労働条件を低下させるようなことがあってはならない。

労働契約法は、「合理性」がある場合に限って、就業規則の変更を認めている。合理性があるかどうかは、「労働条件の変更の必要性」その他を総合的に評価して判断することになっている（労働契約法第10条）。

11

図表0-3　就業規則の不利益変更の例

①	1日の所定勤務時間の延長（7時間30分➡8時間）
②	定年の引き下げ（65歳➡60歳）
③	定年後の再雇用の上限年齢の引き下げ（70歳➡65歳）
④	時間外勤務の割増率の引き下げ（30%➡25%）
⑤	家族手当の引き下げ（配偶者15,000円➡10,000円、子ども5,000円➡2,500円）
⑥	住宅手当の支給中止

図表0-4　「合理性」の判断基準

①	社員の受ける不利益の程度
②	労働条件の変更の必要性
③	変更後の就業規則の内容の相当性
④	労働組合等との交渉の状況
⑤	その他就業規則の変更に係る事情

第1章

総　　則

1　就業規則の目的

（就業規則の目的）
第1条　この規則は、○○株式会社（以下、「会社」という）の社員の労働条件と服務規律を定めたものである。
2　この規則に定めのない事項は、労働基準法その他の法令の定めるところによる。

（注）労働基準法は、「労働者」「時間外労働」「休日労働」などの用語を使用している。しかし、本書では、最近の就業規則の傾向を踏まえて、モデル条文においては、「社員」「時間外勤務」「休日勤務」などの用語を使用する。

【条項の作成・運用のポイント】

(1) 就業規則の目的

どのような規則であっても、その冒頭において、その目的や趣旨を明記するのが一般的である。就業規則についても、同様である。

はじめに、就業規則が社員の労働条件と服務規律を定めたものであることを明記する。

(2) 法令との関係

　就業規則は、労働条件と服務規律を定めたものであるが、一口に「労働条件」「服務規律」といっても、多岐にわたる。もしも、労働条件と服務規律のすべてを就業規則に盛り込むとしたら、膨大な量にのぼり、使い勝手が悪くなる。

　一般に、社員が就業規則に目を通すのは、採用されたときであるが、分厚い就業規則を新規採用者に手渡して、「これを読んでおくように」と指示しても、誰も読まないであろう。

　また、労働条件の最低基準は、労働基準法その他の労働法令に規定されている。法令を下回ることを就業規則に記載しても、その部分は無効である。

　このため、「就業規則に定めのない事項は、法令の定めるところによる」という文言を記載しておく。

2　適用範囲

（適用範囲）

第2条　この規則において「社員」とは、第2章に定める手続きを経て会社に採用された者をいう。

【条項の作成・運用のポイント】

(1) 適用の対象者

　最近は、経営環境と労働市場の変化に対応して、雇用形態が多様化し、パートタイマー、嘱託社員、契約社員、業務委託社員などの非正社員を雇用する会社が増加している。社員は、正社員だけで、「非正社員は、一人もいない」という会社は少ないであろう。

　正社員のほかに非正社員を雇用している会社の場合、一つの就業規則を正社員にも、非正社員にも適用するという方法も考えられないわ

14

けではない。

　しかし、正社員と非正社員とでは、雇用期間、勤務時間、人事異動、給与の形態、賞与の取り扱い、退職金制度の取り扱いなどの面で、大きな相違がある。したがって、正社員と非正社員とに適用できる就業規則を作成するのは、実務的に相当困難である。

　就業規則は、正社員と非正社員とに区分して作成するのが現実的である。

⑵　パートタイマー用の就業規則

　パートタイマーを常時雇用している会社の場合は、その雇用期間、雇用契約の更新、勤務時間、休日、人事異動、給与の形態、賞与の取り扱い、退職金制度の取り扱いなどを踏まえて、専用の就業規則を作成するのがよい。

3　遵守の義務

（遵守の義務）
第3条　社員は、この規則を誠実に遵守し、互いに協力してその
　　職務を遂行しなければならない。

【条項の作成・運用のポイント】

　就業規則は、社員が守るべき「職場のルール」を定めたものである。規則で定められたことがきちんと守られないと、仕事に支障が生じる。生産性が低下したり、品質に問題が生じたり、コストが上昇したりする。

　このため、社員は、就業規則を誠実に遵守しなければならない旨を明記する。

第2章

採用時の手続き

1 労働条件の明示

> （労働条件の明示）
> 第4条 会社は、新たに採用した者に対し、就業規則を交付することにより、給与、勤務時間その他の労働条件を明示する。

【条項の作成・運用のポイント】

(1) **労働条件の明示**

労働基準法は、「使用者は、労働契約の締結に際し、労働者に対して賃金、労働時間その他の労働条件を明示しなければならない」と規定している（第15条）。このため、採用を決定した者に対して、給与、勤務時間その他の労働条件を明示する。

(2) **明示の方法**

明示の方法には、
・労働条件通知書を交付する
・就業規則を公布する
の2つがある。

就業規則を交付するという方法で明示するのが便利であろう。

2　採用時の提出書類

（採用時の提出書類）

第5条　社員として採用された者は、採用された日から2週間以内に、次の書類を提出しなければならない。

(1)　身上調書

(2)　身元保証書

(3)　住民票記載事項証明書

(4)　マイナンバー届（個人番号カード、または通知カードの写しを添付）

(5)　年金手帳、雇用保険被保険者証その他税および社会保険に係る書類（前職のある者）

(6)　その他会社が提出を求めた書類

2　正当な理由がないのに所定期間内に書類が提出されないときは、採用を取り消すことがある。

3　提出した書類の記載事項に異動が生じたときは、速やかに届け出なければならない。

【条項の作成・運用のポイント】

⑴　**提出を求める書類**

　人事管理を適切に行っていくのに必要な書類の提出を求める。書類の範囲は、

　・業務の内容

　・人事管理の方針

　・社員が不祥事を起こしたときの対応

などを勘案して決める。

17

なお、特定の業務に従事する者や、特定の条件を付けて採用する者に対しては、一般の社員とは異なる書類（例えば、資格証明書、誓約書）の提出を求めるのが現実的であろう。このため、「会社が提出を求めた書類」という文言を入れておく。

(2) 採用の取り消し

　当然のことではあるが、提出を求めた書類が所定の期日までに提出されないと、人事管理に支障が生じる。

　また、所定の期間内に提出されないということは、何らかの事情があるためであろう。

　このため、正当な理由がないのに、所定の期間内に書類が提出されないときは、採用を取り消すことがある旨を明記しておく。

（注）就業規則では期間を明示する箇所がいくつかあるが、特に規定しない

　　限り、「労働日」ではなく、「暦日」ベースで運用する（民法第138条）。

3　身元保証人

（身元保証人）

第6条　身元保証人は、日本国内に居住し、かつ、経済力のある

　　成人でなければならない。

2　保証期間の途中において、保証人が死亡し、または保証能力

　　を喪失し、もしくは保証契約を辞退したときは、新たな保証人

　　を選任し、これを会社に届け出なければならない。

3　身元保証書には、保証人の住民票記載事項証明書または印鑑

　　登録証明書を添付しなければならない。

【条項の作成・運用のポイント】

⑴　保証人の条件

　身元保証人の任務は、社員が不祥事を起こしたときに、本人と連帯し、あるいは本人に代わって、会社に与えた損害を賠償することである。したがって、一定の経済力がなければその責任を果たせない。

　また、いくら経済力があるとはいえ、保証人が海外に居住していたのでは、賠償をめぐる交渉が難しい。

　このため、保証人について、次の条件を付ける。

・一定の経済力があること

・国内に居住していること

⑵　新しい保証人の選任

　身元保証法によって、保証期間は期間を定めない場合は３年、期間を定めても最大５年とされている。保証期間の途中で、保証人が

・死亡したとき

・経済力を失ったとき

・保証人を辞退したとき

は、新しい保証人を立てて、届け出ることを求める。

⑶　保証書の偽造対策

　身元保証書は、本来、保証人本人が署名し、捺印すべきものである。しかし、町の文房具屋で三文判を買い、友人に代筆させれば、架空の人物を保証人とする保証書を偽造することができる。偽造された保証書は、何の価値もない。

　偽造を防止するため、保証人の住民票記載事項証明書または印鑑登録証明書の提出を求める。

⑷ **会社の監督責任**

　経営者や人事担当者の中には、「社員が会社に損害を与えたときは、保証人に請求すればよい」と、安易に考えている者がいる。しかし、そのような安易な考えは問題である。

　会社は、業務が正常に行われているかどうか、社員を監督する責任を負っている。このため、社員の損害を保証人に請求したときに、会社が監督責任をきちんと果たしていたかをめぐってトラブルが生じ、裁判を起こされることがある。

　裁判になった場合、裁判所は、「会社が監督責任（社員の指導、教育研修、仕事の結果のチェック、再教育、配置転換、その他）を果たしていたか」を評価する。監督責任の程度が不十分であると評価されると、保証人の賠償責任額が減額される。

　会社は、「身元保証書を提出させたから」といって安心することなく、不祥事を防止するため、日常的に社員の指導監督をきちんと行うことが必要である。

4　個人情報の利用

（個人情報の利用）

第7条　会社は、社員から取得した個人情報を次の目的のために使用する。

　⑴　給与の決定、計算および支払い

　⑵　配置、配置転換、昇進および退職の決定

　⑶　健康管理、安全衛生および災害補償

　⑷　税金および社会保険の諸手続き

　⑸　その他人事管理、雇用管理

　2　業務上の都合により、個人情報を当初の目的以外のために使用するときは、あらかじめ本人の同意を得るものとする。ただ

し、法令に定めがある場合は、この限りではない。

【条項の作成・運用のポイント】

(1)　個人情報の利用目的

　個人情報保護法は、「個人情報取扱事業者は、個人情報を取り扱う
に当たっては、その利用目的をできる限り特定しなければならない」
と定めている（第15条）。

　このため、個人情報の利用目的を明記する。

(2)　目的外の使用の手続き

　個人情報を当初の目的以外のために利用するときは、あらかじめ本
人の同意を得る旨を明記する。

(3)　個人情報の管理

　社員にとって、個人情報は、「プライバシー」そのものである。し
たがって、業務に関係のない者が個人情報にアクセスできないよう、
厳重に管理することが必要である。

　一般的にいえば、人事部長を「個人情報管理責任者」とし、人事担
当者以外の者が人事情報の記録また記載されている媒体にアクセスす
るときは、あらかじめ人事部長の許可を求めるものとするのが合理的
であろう。

5　試用期間

（試用期間）
第8条　試用期間は、採用の日から3か月とする。ただし、会社
　　が必要と認めるときは、試用期間を短縮し、または3か月を限

度に延長することがある。
　2　試用期間中または試用期間終了時に、職務遂行能力、勤務成
　　績、勤務態度、人柄または健康状態等から社員として不適格で
　　あると判断されるときは、解雇する。
　3　試用期間は、勤続年数に通算する。

【条項の作成・運用のポイント】

(1)　試用期間の長さ

　採用した者について、試用期間を設けるのが一般的である。
試用期間を設けるのは、職務遂行能力、勤務成績、勤務態度、人柄ま
たは健康状態等から社員として適格であるかどうかを判断するためで
ある。

　試用期間中、「社員として適格でない」と判断されるときは、解雇
できる。試用期間の者には、本採用の者よりも、広い解雇権が認めら
れている。試用期間の者は、身分が確実に保証されているわけではな
い。このため、試用期間が長期にわたるのは、好ましいことではない。

　試用期間の長さについて、労働法令の規制は特にない。会社の意思
で自由に決定できる。期間は、「社員としての適格性を判断するのに、
どれくらいかの期間が必要か」という観点から決定されるべきである。

　一般的にいえば、試用期間は3か月程度とするのが適切であろう。

(2)　試用期間の延長

　試用期間を3か月とか、6か月とかと決めても、採用した社員の勤
務成績や勤務態度によっては、その期間に社員としての適格性を判断
できないケースもあろう。

　このような場合に、試用期間が経過したからといって、安易に「解
雇する」あるいは「本採用とする」と結論を急ぐのは問題である。

試用期間が経過しても結論を出すことができないときは、さらに試用期間を延長して適格性を判断すべきである。この場合には、あらかじめ延長期間の上限を「1か月」あるいは「3か月」と決めておくべきである。

(3)　適格性の判断の手続き

　試用期間制度を実施するときは、

　　・社員としての適格性を誰が、どのような観点から評価するか

　　・誰が、本採用の可否を決定するか

を決めておく。

　一般的にいえば、次のような手順で行うのが妥当であろう。

図表2-1　試用期間制度運用の手順

① 配属先の課長が、試用社員の職務遂行能力、勤務成績（仕事の正確性、仕事の迅速性）、勤務態度（積極性、協調性、規律性、責任感）、人柄（誠実さ）、健康状況等を総合的に評価して、本採用の可否を判定する
② 配属先の課長は、人事部門に対して、判定の結果を報告する
③ 人事部門は、配属先の課長の報告をもとに、本採用の可否を判定する
④ 人事部門は、本採用の可否について、社長の承認を得る
⑤ 人事部門は、社長の承認結果を配属先の課長に伝える
⑥ 配属先の課長は、本採用の可否を試用社員に伝える

(4)　勤続年数への通算

　試用社員は、試用期間中、通常通り勤務する。したがって、試用期間は勤続年数に通算することにする。

(5) 新規採用社員への告知

採用された者の中には、試用期間についての知識のない者が少なくない。採用イコール本採用と思っている者が多い。このため、試用期間満了時の解雇について、トラブルが生じることがある。

試用期間制度を実施するときは、採用を決定した段階で、本人に対して、

・試用期間の趣旨

・試用期間の長さ

を正確に告知しておくべきである。

(6) 解雇の予告

採用後14日以内であれば、すぐに解雇することができる。しかし、14日を経過しているときは、30日前に予告するか、もしくは平均賃金の30日分を支払わなければならない（労働基準法第21条第4号）。

第3章

服務規律

1 業務遂行上の心得

（業務遂行上の心得）

第9条　社員は、次の事項を誠実に遵守し、業務を遂行しなければならない。

(1) 会社の指示命令および規則を守ること
(2) 職場の和を重視し、上司、同僚とよく協力・協調して業務を遂行すること
(3) 指示された業務を責任をもって遂行すること
(4) 業務の遂行において判断に迷うときは、独断専行することなく、上司の意見を求めること
(5) 勤務時間中は、みだりに職場を離れないこと
(6) 勤務時間中は、所定の制服を着用し、所定の場所にネームプレートを付けること
(7) 作業の安全に努めること
(8) 会社の設備、機械、器具および備品を私的に使用しないこと
(9) 職場の整理整頓に努めること

⑽　職場に私物を持ち込まないこと

⑾　火気の取り扱いには、十分注意すること

⑿　所定の場所以外では、喫煙しないこと

⒀　職場において私的な会話をしないこと

⒁　酒気を帯びて業務をしないこと。職場において、飲酒しないこと

⒂　会社の施設内において、政治活動、市民活動その他業務に関係のない活動をしないこと

⒃　その他前各号に準ずる不都合なことをしないこと

【条項の作成・運用のポイント】

(1)　服務心得の重要性

　会社の業務は、組織的・効率的に行われることが必要である。そのためには、職場において一定の秩序が維持されていなければならない。社員一人ひとりの職務遂行能力のレベルがどれほど高くても、職場の秩序が確立されていないと、業務は効率的に行われない。業務の効率性が良くなければ、激しい競争社会から脱落せざるを得ない。

　職場の秩序を形成・維持するために、社員が業務の遂行に当たって守るべき事項（服務心得）を定めるのがよい。

　服務心得を定め、その周知徹底を図ることの重要性は、いくら強調しても強調しすぎることはない。

(2)　業務の実態に即した内容

　服務心得の内容は、業務の実態に即して決める。

　モデル条文のほかに盛り込むべき項目例を示すと、図表のとおりである。

図表3－1　服務心得に盛り込む項目（例）

製造業	・作業の安全に十分配慮すること ・作業マニュアルに従って作業を遂行すること ・会社が指示した手順にしたがって、機械、設備を稼働させること ・安全管理者、衛生管理者の指示命令に従うこと
運輸業	・交通法規および交通マナーを守って、安全運転に努めること ・積み荷を大切に取り扱うこと ・運転中は、携帯電話を掛けないこと ・歩行者、特に高齢者と子どもに注意を払うこと ・適宜休息を取り、疲労の回復に努めること
小売業・ サービス業	・お客さまに対して、明るくさわやかに接すること ・すべてのお客さまに公平に接すること。服装や態度で差別的に接しないこと ・商品を大切に取り扱うこと ・お客さまからクレームを受けたときは、とりあえず謝罪すること。感情的になって反論しないこと

2　セクハラ・マタハラ・パワハラの禁止

（セクハラ・マタハラ・パワハラの禁止）

第10条　社員は、次に掲げることをしてはならない。

（1）　他の社員に対する性的な嫌がらせ（セクハラ）

（2）　妊娠・出産した女性社員に対する嫌がらせ（マタハラ）

（3）　職務上の地位・関係を利用した、他の社員への嫌がらせ（パワハラ）

2　社員は、前号に定める嫌がらせ（以下、「ハラスメント」という）を受けたとき、または見たときは、会社に通報しなければならない。

3　会社は、通報を受けたときは、直ちに事実関係を調査する。

調査の結果、ハラスメントが行われたことが確認されたときは、加害者の処分その他適切な措置を講じる。

【条項の作成・運用のポイント】

明るい職場を作るため、セクハラ、マタハラおよびパワハラを禁止する。

社員に対して、ハラスメントを受けたとき、または見たときは、会社に通報することを求めるとともに、通報を受けたときは、直ちに事実関係を調査する。調査の結果、ハラスメントが行われたことが確認されたときは、加害者の処分その他適切な措置を講じる

図表3－2　セクハラ、マタハラ、パワハラの内容

セクハラ	○他の社員に対して、次のことをすること ①性的な事実関係を尋ねること ②性的な内容の情報を意図的に流布すること ③性的な関係を強要すること ④必要なく身体に触ること ⑤わいせつな図書、雑誌、図画または写真を配布したり、掲示したり、他人の目につきやすい場所に置いたりすること ⑥その他前各号に準ずること
マタハラ	○妊娠または出産した女性社員に対して次のことをすること ①退職を勧めること ②過度に仕事を与えること ③仕事を与えないこと ④職場において無視すること ⑤妊娠または出産に至る経緯を細かく尋ねること ⑥その他前各号に準ずること
パワハラ	○職務上の地位や関係を利用して、他の社員に対して次のことをすること ①暴言を吐いたり、大声で叱責すること ②過度に仕事を与えること

③仕事を与えないこと
④職場において無視すること
⑤私的なことに過度に立ち入ること
⑥暴力を振るうこと
⑦その他前各号に準ずること

3　情報システム利用上の心得

（情報システム利用上の心得）

第11条　社員は、情報システムの利用について、次の事項を守らなければならない。

　⑴　業務のためにのみ利用し、業務以外の目的では利用しないこと

　⑵　アクセスが禁止されているファイルには、アクセスしないこと

　⑶　システムを勝手に変更しないこと

　⑷　システムに接続しているパソコンを社外へ持ち出さないこと。持ち出したときは、盗難、紛失に十分注意すること

　2　システムが正常に作動しないとき、または、異常、不都合に気付いたときは、直ちに会社（情報システム部）へ通報しなければならない。

【条項の作成・運用のポイント】

⑴　心得の内容

　業務の効率的・統一的処理、会社への報告・届出、情報の交換・共有化などを目的として、情報システムを構築・運用している会社が多い。その内容やシステムの規模は会社によってさまざまであるが、業務の遂行において重要な役割を果たしていることは確実である。

29

システムは、業務のために適正に利用されることが求められる。このため、一定の利用ルールを定めておくべきである。合理的な内容のルールの作成とその周知徹底は、会社にとって重要なリスクマネジメントである。

⑵　異常時の会社への通報

情報システムは、常に正常に作動することが求められる。しかし、現実には、異常や不都合が生じて、正常に作動しなくなることがある。システムの細部上の欠陥によって異常が生じることもあれば、外部からの悪意的な妨害行為によって正常な作動に支障が出ることもある。

システムの異常に対しては、迅速に対応しなければならない。このため、社員に対し、システムの異常に気付いたときは、直ちに会社に通報することを求める。

4　出退勤の心得

（出退勤の心得）

第12条　社員は、出退勤について、次の事項を守らなければならない。

⑴　始業時刻前に出勤し、始業時刻から業務を開始できるように準備すること

⑵　自らタイムカードを打刻すること

⑶　業務が終了したときは、直ちに職場を離れること

⑷　職場を離れるときは、使用した機械、器具および書類を整理整頓しておくこと

2　マイカーによる通勤は、認めない。

【条項の作成・運用のポイント】

(1) 出退勤のルール

　職場の秩序の維持という観点から、出退勤について一定のルールを定めるのが現実的である。

　モデル条項のほか、次のような事項を記載することも考えられる。

・出勤および退勤は、所定の通用門から行うこと
・出勤に際し、日常の携帯用品のほかは持ち込まないこと。持ち込むときは、あらかじめ会社に届け出ること
・最後に退勤するときは、戸締り、消灯を確認すること
・出勤および退勤に当たっては、IDカード（または、身分証明書）を警備員に提示すること

(2) マイカー通勤の取り扱い

　マイカー通勤については、「事故を起こす危険性がある」「駐車スペースを用意できない」などの理由で、認めていない会社が多い。

　しかし、公共交通機関が不便な場所に立地している会社の場合には、認めざるを得ないであろう。認めるときは、図表にに示す条件を設けるのが現実的であろう。

図表3-3　マイカー通勤の条件

・車種および自動車のカラーは、通勤にふさわしいものであること
・会社が指定した場所に駐車させること
・駐車中に生じた自動車の損傷、盗難について、会社は責任を負わないこと

31

5　入場の禁止

（入場の禁止）
第13条　社員が次のいずれかに該当するときは、職場への入場を
　　禁止し、または退場を命令することがある。
　⑴　酒気を帯びているとき
　⑵　風紀を乱したとき、または乱す恐れのあるとき
　⑶　危険物または有害物を所持しているとき
　⑷　衛生上有害であると認められるとき
　⑸　業務を妨害したとき、または妨害する恐れのあるとき
　⑹　その他会社が必要であると認めるとき

【条項の作成・運用のポイント】

　会社は、複数の社員が共同して仕事をする場所である。それ以外の
場所ではない。したがって、社員が次のいずれかに該当するときは、
職場への入場を禁止し、または職場からの退場を求める。
　・仕事をする状態にないとき
　・仕事をするのにふさわしくないとき
　・職場の秩序・規律を乱す恐れのあるとき

6　欠勤・遅刻・早退の手続き

（欠勤、遅刻および早退）
第14条　欠勤、遅刻および早退をしてはならない。
　2　欠勤、遅刻または早退をするときは、あらかじめ届け出なけ
　　ればならない。やむを得ない事情で事前に届け出ることができ
　　ないときは、事後速やかに届け出なければならない。

3　病気による欠勤が３日以上に及ぶときは、届出に医師の診断
　　書を添付しなければならない。
4　公共交通機関の遅延その他、社員の責めによらない遅刻につ
　　いては、遅刻として取り扱わないことがある。

【条項の作成・運用のポイント】

(1)　事前の届出

　社員が欠勤、遅刻または早退をすると、それだけ人手が不足し、業務に支障が生じる。しかし、事前に届出があれば、一定の対策を講じ、業務への影響を最小限に留めることができる。

　このため、欠勤、遅刻または早退をするときは、事前に届け出ることを義務付ける。やむを得ない事情で事前に届け出ることができないときは、事後速やかに届け出ることを求める。

(2)　医師の診断書の提出

　欠勤が連続すると、業務への影響が大きくなる。

　欠勤が一定日数以上に及ぶときは、医師の診断書を提出することを求める。

第4章

勤務時間、休日および休暇

第1節　勤務時間、休憩および休日

1　勤務時間

> （勤務時間）
> 第15条　勤務時間は、休憩を除き1日8時間とし、始業・終業時刻は、次のとおりとする。
>   　　　始業時刻　　午前8時30分
>   　　　終業時刻　　午後5時30分
> 2　始業時刻とは、所定の就業場所で業務を開始する時刻をいい、終業時刻とは、業務を終了する時刻をいう。
> 3　業務の都合により、始業・終業時刻を繰り上げ、または繰り下げることがある。

【条項の作成・運用のポイント】

(1)　法定労働時間と所定労働時間

　労働基準法は、労働時間について、「1週40時間、1日8時間を超えてはならない」と定めている（第32条）。労働基準法で定められて

いる労働時間を、一般に「法定労働時間」という。

　これに対し、会社が就業規則で決める労働時間を「所定労働時間」と呼ぶ。所定労働時間は、１日についても、１週についても、法定労働時間を超えることはできない。

　なお、「１日」とは、午前０時から午後12時までのいわゆる「暦日」をいい、「１週」とは、日曜日から土曜日までのいわゆる「暦週」をいう（昭和63・１・１、基発第１号）。

(2) 始業・終業時刻と業務従事時間

　勤務時間については、基本的に、

　・始業時刻＝実際に業務を開始する時刻

　・終業時刻＝実際に業務を終了する時刻

と考えるべきである。そして、この考えを就業規則に明記すべきである。

　会社の中には、例えば「出勤時間・午前９時、退勤時間・午後６時」というように、「出勤時間」「退勤時間」という表現を使っているところがある。このような表現を使うと、「出勤時間までに会社へ到着すればいい」「退勤時間になったらすぐに帰れる」と考える者が出る可能性がある。

　社員が出勤してから業務を開始するまでに５分、10分かかったり、あるいは退勤時間の10分、20分前に業務を終えて帰り支度をするというのでは、業務管理、作業管理に支障が生じる。

　勤務時間についての基準を明確にするため、「始業時刻」「終業時刻」という表現を使用するのがよい。

(3) 勤務時間形態の合理的な選択

　勤務時間については、年間を通して１日の時間を定め、それを全社員に適用している会社が多い。しかし、実務的には、変形労働時間制、

35

時差勤務制など、さまざまな勤務形態がある（図表参照）。

　会社は、業務の実態に即した最も合理的な勤務時間制を選択し、業務の効率化、時間外労働の削減に努めることが望ましい。

図表4－1　勤務時間制の形態

形態	内容
1か月変形労働時間制	・これは、1か月を平均して週の労働時間が40時間を超えなければ、1日8時間、・1週40時間を超えて労働させることができる制度。 ・1日、1週の労働時間に特に制限はない。 ・1か月の労働時間の総枠は、次の算式による。 労働時間枠＝40×1か月の暦日数／7
1年変形労働時間制	・これは、1年を平均して週の労働時間が40時間を超えなければ、1日8時間、・1週40時間を超えて労働させることができる制度。 ・1日の労働時間は、10時間以内、1週の労働時間は、52時間以内。 ・1年の労働時間の総枠は、次の算式による。 労働時間枠＝40×365/7
フレックスタイム制	・始業・終業時刻、1日の勤務時間を社員自身に決めさせる制度。 ・労働時間の清算期間は、3か月以内。 ・フレキシブルタイム（始業時間帯、終業時間帯）、コアタイム（勤務すべき時間帯）を設けるのが一般的。
セレクティブタイム制	・これは、いくつかの勤務時間コースを設定し、社員にいずれかを選択させる制度。 ○勤務時間コースの例 ・8〜17時 ・9〜18時 ・10〜19時

シフト勤務制	・社員を2、3のグループに分け、それぞれ、時間をずらせて勤務させるもの ○シフトの例 ・早番　8〜17時 ・遅番　11〜20時
交替勤務制	・営業時間、機械稼働時間の拡大を図るため、社員を交替で勤務させる制度 ○交替勤務の例 ・2交替勤務 ・3交替勤務 ・4交替勤務

2　休憩

（休憩）

第16条　休憩は、正午から1時間とする。

2　休憩時間は、自由に利用することができる。

【条項の作成・運用のポイント】

(1)　**休憩時間の長さ**

労働基準法は、休憩時間の長さについて、

・労働時間が6時間を超えるときは、45分以上

・労働時間が8時間を超えるときは、60分以上

とし、労働時間の途中において、全員にいっせいに与えるべきことを定めている（第34条第1項）。

(2)　**休憩時間の自由利用**

休憩時間は、自由に利用させることが必要である。ただし、休憩時

間も拘束時間であるから、施設の管理や職場の秩序維持のうえで必要であるときは、一定の制限を設けても差し支えない。

(3) 休憩の追加付与

所定労働時間が6時間以上8時間未満の会社の場合、休憩時間は45分でよい。しかし、時間外労働を命令して労働時間が8時間を超えるときは、労働時間の途中で追加的に15分の休憩を与えることが必要である。

例えば、所定労働時間が7時間30分、休憩が45分の会社の場合、仕事の都合で1時間の時間外労働を命令したとする。この場合は、労働時間の途中（すなわち、時間外労働が始まる前、あるいは時間外労働の途中）で、追加的に15分の休憩を与えなければならない。仮に、社員が「家事の都合で早く帰宅したいので、休憩は必要ない」と申し出ても、休憩を与えないと、労働基準法違反となる。

(4) 手待ち時間の時間の取り扱い

実際に業務をしているわけではないが、いつでもすぐに仕事ができるように待機している時間を「手待ち時間」という。

小売店の店員が、客がきたらすぐに対応できるように、店内で待機している時間は、手待ち時間の典型例である。

手待ち時間中も、社員は、使用者の指揮命令下にある。したがって、手待ち時間は、労働時間である。「手待ち時間に休息を取れる」といって休憩時間を与えないのは、労働基準法違反である。

3 休日

（休日）

第17条　休日は、次のとおりとする。

　⑴　土曜日および日曜日（法定休日は日曜日とする）

　⑵　国民の祝日

　⑶　年末年始（12月29日～１月３日）

２　業務の都合により、休日を他の日に振り替えることがある。

　この場合は、前日までに振り替えるべき日を指定して通知する。

【条項の作成・運用のポイント】

⑴　週休制の原則

　労働基準法は、「使用者は、労働者に対して、毎週少なくとも１回の休日を与えなければならない」と定めている（第35条第１項）。

　また、法定労働時間は、１週40時間、１日８時間である。したがって、１日の労働時間を８時間とすると、週に２日の休日を設けないと、週40時間制に対応できない。

⑵　休日の特定

　労働基準法は、「休日は、１週１日以上」と定めているだけで、休日を特定することまでは定めていない。

　しかし、休日が特定されていないと、安定した生活ができない。このため、厚生労働省は「休日は、特定されることが望ましい」という通達を出している。

⑶　国民の祝日の取り扱い

　国民の祝日を休日とするかどうかは、会社の自由である。祝日を休

日としないからといって、労働基準法に違反するわけではない。

　厚生労働省では、「国民の祝日の趣旨および労働時間短縮の見地から、労使の話し合いで国民の祝日を休日とすることが望ましい」としている。

(4)　休日振替とそのメリット

　業務の都合によっては、休日を他の日に変更せざるを得ないことがある。休日に業務を行い、その代わりに他の日を休日とすることを「休日振替」という。

　例えば、情報システムの変更作業のため、本来の休日である日曜日を臨時的に労働日とし、その代わりに火曜日を休日とするケースである。

　休日振替は、会社にとって、

　・業務上の都合に柔軟に対応できる

　・休日を確保し、労働に伴う疲労の回復を図れる

　・休日労働の割増賃金の支払いを免れることができる

などのメリットがある。

(5)　就業規則への記載の方法

　厚生労働省では、休日振替について、「休日振替を行うときは、就業規則等において、できる限り、休日振替の具体的事由と振り替えるべき日を規定することが望ましい」としている（昭和63・3・14、基発第150号）。

　しかし、例えば、

　・情報システムを変更するときは、日曜を労働日とし、火曜日を休日とする

　・電力の需給がひっ迫したときは、日曜日を労働日とし、月曜を休日とする

などというように、振替の事由と振り替えるべき日を規定するのは、現実的・実務的にかなり難しいであろう。

このため、就業規則においては、「業務の都合により、休日を他の日に振り替えることがある。この場合は、前日までに振り替えるべき日を指定して通知する」と記載するのが現実的であろう。

 ## 第2節　時間外勤務および休日勤務

1　時間外勤務

> （時間外勤務）
> 第18条　会社は、業務上必要であるときは、労働組合との間で締結した労使協定の範囲内で、時間外勤務を命令することがある。
> 2　遅刻した社員については、所定勤務時間を超えて勤務した時間を時間外勤務として取り扱う。

【条項の作成・運用のポイント】

(1)　法律上の時間外労働とは

労働基準法は、「労働時間は、1週については40時間、1日については8時間を超えてはならない」と定めている。したがって、「1週40時間」または「1日8時間」を超える労働が法律上の時間外労働となり、規制の対象となる。

就業規則において、1日の所定労働時間を7時間30分と定めている会社がある。この会社が社員に対して1時間の時間外労働を命令したとする。前半の30分は、8時間に収まっている（所定内労働時間7時間30分、所定外30分、計8時間）。したがって、前半の30分は、法律

41

上の時間外労働には当たらない。法律上の時間外労働に当たるのは、後半の30分である。

(2) 時間外労働の限度時間

　限られた社員数のもとで会社の経営を行っていくためには、業務の量や納期その他の状況に応じて、社員に時間外労働（残業）を命令せざるを得ない。

　例えば、取引先から通常よりも多い量の注文があったときは、社員に時間外労働を命令して、通常よりも多い量の製品を生産し、取引先へ納品する。この場合に「通常よりも多い量の生産はできない」といって、注文を断ることは、常識的にはあり得ない。

　経営を円滑に行っていくうえで時間外労働は必要不可欠であるが、時間外労働が恒常的に行われるのは好ましくない。長時間の時間外労働は、

　　・疲労を蓄積させ、社員の健康に好ましくない影響を与える
　　・疲労が蓄積すると、注意力、集中力が散漫となり、労働災害を誘発する
　　・社員が個人生活、家庭生活を享受できなくなる
などの問題がある。

　労働基準法は、社員の健康と福祉を確保することを目的として、時間外労働についてその原則時間（「限度時間」という）を定めている。限度時間は、図表に示すとおりである。労働組合または社員代表との間で時間外労働協定を結ぶときは、限度時間に十分配慮すべきである。

図表４−２　時間外労働の限度時間

期間	限度時間
１週間	15時間（14時間）
２週間	27時間（25時間）

4週間	43時間 （40時間）
1か月	45時間 （42時間）
2か月	81時間 （75時間）
3か月	120時間 （110時間）
1年間	360時間 （320時間）

（注）（ ）内の数値は、1年単位の変形労働時間制の労働者の場合

(3) 限度時間を超える時間外労働

　時間外労働については、原則時間（限度時間）が定められているが、例えば、次のような臨時的・一時的な事情が生じたときは、限度時間では対応できないことが予想される。

　・システムに異常が生じ、復旧させるとき
　・商品の欠陥等により、クレームが集中し、そのクレームに対応するとき
　・計画外の大量の受注があったとき

　このような場合に備えて、「臨時的・一時的に特別の事情が生じたときは、限度時間を超えて時間外労働を命令することができる」とする協定を結んでおけば、限度時間を超えて時間外労働を命令することができる。

　このような特別の条項の付いた労使協定を「特別条項付き労使協定」と呼ぶ。

　特別条項付きの労使協定の締結は、会社にとって1つのリスクマネジメントといえよう。

(4) 時間外労働の上限規制
① 上限規制の内容

　これまでは、特別条項付き協定を結べば、何時間でも時間外労働を

命令することができた。しかし、2018年、働き方改革関連法により労働基準法の改正が行われ、時間外労働について、上限規制が導入されることになった。その内容は、図表に示すとおりである（2019年4月1日施行）。

図表4−3　時間外労働の上限規制

①	1か月において時間外労働ができる時間は、100時間未満（休日労働を含む）
②	1年を通じ、どの時期も、2か月、3か月、4か月、5か月、6か月のいずれにおいても、1か月平均80時間以内であること（休日労働を含む）
③	1年において時間外労働ができる時間は、720時間（休日労働は含まない）以内
④	45時間を超えることができる月数は、1年について6か月以内（年6回まで）（休日労働は含まない）

② 上限規制違反の罰則

上限規制のうち、次のものに違反すると、6か月以下の懲役または30万円以下の罰金に処せられる。

図表4−4　罰則の対象

①	1か月において時間外労働ができる時間は、100時間未満（休日労働を含む）
②	1年を通じ、どの時期も、2か月、3か月、4か月、5か月、6か月のいずれにおいても、1か月平均80時間以内であること（休日労働を含む）

③ 規制の適用除外

次の業務・事業については、その業務の特殊性に配慮して、上限規制の適用に関して適用除外等の措置が講じられている。

44

① 新たな技術、商品または役務の研究開発

② 工作物の建設の事業

③ 自動車の運転の業務

④ 医業に従事する医師

⑤ 鹿児島県および沖縄県において砂糖を製造する事業

　これらのうち、研究開発、建設および自動車の運転業務について、適用除外等の主な措置を示すと、図表のとおりである。

図表4－5　上限規制の適用除外

①　新たな技術、商品または役務の研究開発	上限規制は適用しない
②　工作物の建設の事業	法律施行後5年間は、上限規制は行わない
③　自動車の運転の業務	法律施行後5年間は、上限規制は行わない

(5)　時間外労働の記録

　会社は、業務を円滑に遂行するために、部門の長（部長、課長、係長）に対して、時間外労働の命令権を与えている。部門の長は、業務分掌や経営計画等で定められた部門の業務を確実に遂行する責任を負っている。したがって、部門の長に対して部下への時間外労働の命令権を付与するのは、合理的・現実的である。

　しかし、部門の長が「部門の業務目標を達成しなければいけない」という思いで、部下に対して、毎日のように長時間の時間外労働を命令したら、結果的に上限規制に違反することになりかねない。

　現場の役職者が長時間の時間外労働を指示し、結果的に「時間外労働と休日労働の合計時間は、1か月当たり100時間未満」という規制を超えたときに、会社として「現場の役職者が独断でしたことで、会

45

社は関与していない」と釈明しても通用しない。現場の役職者が、部下に対して上限を超える時間外労働を指示すれば、会社の使用者責任が問われる。

時間外労働の上限規制違反が発生しないためには、役職者に対して、上限規制の内容を周知し、かつ、「日々の時間外労働の実績を正確に記録し、上限を超えないように」と指示する必要がある。

会社（人事部門）としては、次のように対応するのがよい。

① 日々の時間外労働・休日労働の数値を記録するシート（様式例参照）を各役職者に手渡す

② そのシートに時間外労働・休日労働の実績を記録しつつ、部下の時間外労働管理を行わせる

③ 部下の時間外労働と休日労働の合計時間が「1か月100時間未満」という上限に迫ったときは、その部下への時間外労働・休日労働の命令を抑制させる

様式例4－1 時間外労働・休日労働管理シート

時間外・休日労働管理簿 (〇〇年〇〇月)						
日	曜	（氏名）	（氏名）	（氏名）	（氏名）	（氏名）
1						
2						
3						
4						
5						
6						
7						
8						
9						
10						
11						

12						
13						
14						
15						
16						
17						
18						
19						
20						
21						
22						
23						
24						
25						
26						
27						
28						
29						
30						
31						
時間外労働計						
休日労働計						
合計						
業務内容						
備考						

以上

(注)　①　時間外・休日労働は、労使協定で定められた内容を遵守して命令すること。
　　　②　「休日労働」とは、日曜の労働をいう。土曜休日の労働は、時間外労働として取り扱う。

(6) 労使協定の締結

社員に対して時間外労働を命令するときは、労働組合（労働組合がないときは、社員の過半数を代表する者）との間において、労使協定を締結することが必要である。協定する項目は、図表に示す通りである（2019年4月1日施行）。

図表4－6　時間外労働・休日労働の労使協定の項目

限度時間を超えない場合の協定項目	限度時間を超える場合の協定項目
1　時間外労働の項目 ①時間外労働をさせる事由 ②業務の種類 ③労働者数 ④時間外労働の時間数 　・1日の時間数 　・1か月の時間数 　・1年の時間数および1年の起算日	1　時間外労働の項目 ①時間外労働をさせる事由 ②業務の種類 ③労働者数 ④時間外労働の時間数 　・1日の時間数 　・1か月の時間数 　・1年の時間数および1年の起算日
2　休日労働の協定項目 ①休日労働をさせる事由 ②業務の種類 ③労働者数 ④1か月の休日労働の日数 ⑤休日労働日の始業時刻・終業時刻	2　休日労働の協定項目 ①休日労働をさせる事由 ②業務の種類 ③労働者数 ④1か月の休日労働の日数 ⑤休日労働日の始業時刻・終業時刻
	3　限度時間を超える時間外労働の協定項目 ①限度時間を超えて時間外労働をさせる事由 ②業務の種類 ③労働者数 ④時間外労働の時間数（1日） ⑤1か月45時間を超えて時間外労働をさせる月数 ⑥1か月の時間外労働と休日労働の時間数

	⑦1年の時間外労働の時間数および1年の起算日 ⑧限度時間を超える時間外労働の賃金割増率
	4　その他の協定項目 ①限度時間を超えて労働させる場合の手続き ②限度時間を超えて労働させる労働者の健康と福祉を確保するための措置 ③労使による次の事項の確認 ・1か月の時間外労働と休日労働の合計が100時間未満であること ・2〜6か月の時間外労働と休日労働の合計の1か月平均が80時間を超えないこと

(注)　「4　その他の協定項目」の「②限度時間を超えて労働させる労働者の健康と福祉を確保するための措置」としては、次のうちいずれか1つ以上の措置を講ずることが定められている。

①労働時間が一定時間を超えた労働者に、医師による面接指導を実施すること。

②午後10〜午前5時までの間に労働させる回数を1か月当たり一定回数以下にすること。

③終業から始業までの間に一定時間以上の継続した休息時間を確保すること。

④労働者の勤務状況および健康状態に応じて、代償休日または特別休暇を付与すること。

⑤労働者の勤務状況および健康状態に応じて、健康診断を実施すること。

⑥年次有給休暇の取得を促進すること。

⑦心とからだの健康問題についての相談窓口を設けること。

⑧労働者の勤務状況および健康状態に配慮し、必要な場合には適切な部署に配置転換すること

⑨必要な場合には、産業医による助言・指導を受けること。

⑩その他（職場での時短対策会議の開催その他）

(7)　労使協定の効力

　業務の都合によって社員に対して時間外労働を命令するときは、労使協定を締結し、これを労働基準監督署に届け出ることが必要である。しかし、労使協定さえ結べばそれで十分であるというわけではな

い。

　労使協定の締結は、「社員に対して時間外労働を命令しても、労働基準法に違反しない」という効果にとどまる。

　厚生労働省は、「社員に対し、会社の時間外命令に従わせるべき根拠は、就業規則によって生じる」という見解を示している（昭和63・1・1、基発1号）。

　このため、就業規則において「業務上の必要により、時間外労働を命令することがある」と記載する。

２　休日勤務

（休日勤務）
第19条　会社は、業務上必要であるときは、労働組合との間で締結した労使協定の範囲内で、休日勤務を命令することがある。

【条項の作成・運用のポイント】

(1)　法律上の休日労働とは

　労働基準法は、「使用者は、労働者に対して、毎週少なくとも１日の休日を与えなければならない」と定めている（第35条第１項）。この規定に示されているように、休日は、週に１日で足りる。

　しかし、現在は、週40時間制に対応して、週に２日の休日を与えている会社が圧倒的に多い。

　土曜と日曜の２日を休日としている会社の場合は、いずれか１日が「法律上の休日」であり、それ以外の休日は、法律上の休日には該当しない。

(2)　就業規則への記載

　経営を円滑に行うためには、業務がきわめて忙しいときなどに社員

に休日労働を命令することが必要である。

　一方、社員に休日労働を命令するには、あらかじめその日数などについて、労働組合（労働組合がないときは、社員の過半数を代表する者）との間で労使協定を結ぶことが必要である。

　このため、就業規則において、「会社は、業務上必要であるときは、労働組合との間で締結した労使協定の範囲内で、休日勤務を命令することがある」と記載し、必要に応じて命令する。

3　代休

（代休）
第20条　次に掲げる社員が請求したときは、請求した日に代休を
　与える。
　⑴　休日に勤務した者
　⑵　時間外勤務の時間数が8時間を超えた者
　2　請求した日に代休を与えると業務の正常な運営に支障が生じ
　るときは、他の時季に変更することがある。

【条項の作成・運用のポイント】

⑴　代休とは

　休日に勤務した者や時間外勤務の時間数が一定時間を超えた者が請求したときに、休日を与える制度を「代休」という。

　例えば、会社の命令で日曜日に勤務した社員が「水曜日に休みたい」と請求したときに、水曜日に休日を与える。

　代休は、労働基準法で定められている制度ではない。代休制度を実施するかしないかは、あくまでも会社の自由である。しかし、次のようなメリットがあることを考えると、実施するのが望ましいといえる。

　・労働時間の長期化に歯止めを掛けられる

・社員の要望に対応できる

・労働に伴う疲労の回復を図れる

(2) **時季の変更**

　社員が請求した時季に代休を与えると、業務の正常な運営に支障が生じることが予想されるときは、請求した者にその旨を伝え、他の時季に変更するように求める。

4　大規模災害時の特例

（大規模災害時の特例）

第21条　地震その他の大規模な災害が発生したときは、労働基準監督署に届け出て、時間外勤務または休日勤務を命令することがある。事前に届け出ることができないときは、事後速やかに届け出る。

【条項の作成・運用のポイント】

　地震その他の災害は、いつ発生するか分からない。その規模が大きければ大きいほど、被害も大きくなる。

　災害が発生したときは、迅速に被害拡大の防止、財産の保全措置、重要書類の持ち出し、被害の調査、社員の安全確認などを行うことが求められる。対応が遅れると、取り返しのつかないことになる。場合によっては、会社の存続が困難となる。

　大規模災害時の対応について、「地震その他の大規模な災害が発生したときは、労働基準監督署に届け出て、時間外勤務または休日勤務を命令することがある。事前に届け出ることができないときは、事後速やかに届け出る」と規定する。

第3節　社外勤務（事業場外労働）の取り扱い等

1　社外勤務（事業場外労働）の取り扱い

（社外勤務の取り扱い）
第22条　社員が、勤務時間の全部または一部を社外における業務に従事し、勤務時間を算定し難いときは、所定勤務時間勤務したものとみなす。
2　社外での業務に従事した者が会社に戻り、終業時刻以後、報告書の作成その他の業務を行ったときは、その時間を時間外勤務として取り扱う。

【条項の作成・運用のポイント】

(1)　事業場外労働についての労働基準法の規定

　社員が労働時間の全部または一部を社外での業務に従事することがある。営業社員の営業の業務、出張業務などは、その典型例である。
　社外での労働を「事業場外労働」という。
　事業場外労働については、一般に、会社による指揮監督が及ばず、実際に何時間労働したかを算定し難い。例えば、営業活動のために午前9時に営業所を出て、午後7時に戻ってきた営業社員について、「取引先で正味何時間商談をしたか」は、判然としない。
　社員が事業場外で業務に従事した場合の労働時間について、労働基準法は、「労働者が労働時間の全部または一部について、事業場外で業務に従事した場合において、労働時間を算定し難いときは、所定労働時間労働したものとみなす。ただし、その業務を遂行するためには、通常所定労働時間を超えて労働することが必要である場合には、その業務の遂行に通常必要とされる時間労働したものとみなす」と規定し

ている（第38条の２）。

図表４−７　社外勤務（事業場外労働）の勤務時間の取り扱い

・労働時間が８時間程度である場合➡８時間労働したものとみなす
・業務を遂行するためには、通常９時間程度必要とされる場合➡９
　時間労働したものとみなす
・業務を遂行するためには、通常10時間程度必要とされる場合➡10
　時間労働したものとみなす

(2)　みなし労働時間を適用できない場合

　事業場外労働についてみなし労働時間制を適用できるのは、事業場外で業務に従事し、かつ、使用者の指揮監督が及ばないために、労働時間を算定し難い場合に限られる。すべての事業場外労働に適用できるわけではない。

　スマートフォンや携帯電話で、事業場外で業務をしている社員に対して業務指示を出す場合には、みなし労働時間制は適用されない（図表参照）。

　また、営業社員が営業先から営業所に戻り、
・営業日誌、営業報告書を書く
・取引先へ提出する営業企画書（提案書）を書く
・営業会議に出席する
・研修を受ける
などの場合は、会社として労働時間を把握できるので、把握しなければならない。

　事業場外で業務を行う社員に対してみなし労働時間制を適用する場合には、労働実態に十分配慮することが必要である。

図表4-8　みなし労働時間制が適用されない場合

① 何人かのグループで事業場外で業務に従事する場合で、その中に、労働時間を管理する者がいる場合
② 無線やポケットベル等によって随時会社の指示を受けて業務を行う場合
③ 事業場において、あらかじめ訪問先、帰社時刻など当日の業務について具体的な指示を受けた後、事業場外で指示どおり業務に従事し、その後事業場に戻る場合

（注）昭和63・1・1　基発1号

(3)　営業手当とみなし労働時間制

　事業場外労働の代表は、一般的に営業活動であろう。

　営業社員を雇用している会社の中には、営業社員が常時9時間、10時間程度働いているにもかかわらず、就業規則において、「営業社員が営業所外で業務に従事したときは、所定労働時間労働したものとみなす」と定め、その見返りに一定の営業手当を支給しているところが少なくない。

　このような取り扱い自体は、特に問題はないが、営業手当の金額に十分注意する必要がある。営業手当の金額によっては、労働基準法に違反することになる。

　例えば、営業社員が1日に1時間程度、1か月に20時間程度、所定労働時間を超えて営業活動をしているとする。また、この程度の時間営業活動をしなければ、通常の営業成績を達成できないとする。この場合、営業手当の金額が時間外労働の10時間分程度であったとする。

　このケースの場合、10時間分の時間外労働手当が支払われていないことになり、時間外労働手当の支払いを定めた労働基準法第37条第1項に違反する。

　営業手当の金額は、営業社員に対して本来支払われるはずの時間外労働手当の金額に見合うものでなければならない。

2 専門業務型裁量労働制

（専門業務に従事する者の勤務時間の取り扱い）

第23条　次の専門業務に従事する者（以下、「専門職」という）
　　については、労働基準法に定める専門業務型裁量労働制を適用
　　し、労使協定において定める時間、勤務したものとする。
　　⑴　新商品・新技術の開発
　　⑵　情報処理システムの分析・設計
　2　専門職が欠勤したとき、および遅刻・早退により、所定勤務
　　時間勤務しなかったときは、第1項は適用しない。

【条項の作成・運用のポイント】

⑴　専門業務へのみなし労働時間制の適用

　経済の高度化にともなって、ビジネスの世界では、高度の専門知識
を必要とする業務が増加している。新商品・新技術の研究開発、情報
システムの分析・設計、衣服・広告のデザインなどは、専門知識を必
要とする業務の代表例といえる。

　このような専門業務は、その性格上、業務遂行の方法を担当社員本
人の裁量に委ねざるを得ず、会社の方で、業務遂行の手段や時間配分
について、具体的な指示を出すことは困難である。

　例えば、通信技術の開発業務を担当するエンジニアに対して、会社
の方で「この作業は、こういう手段で行うように」とか、「この仕事
には6時間程度の時間を費やし、次の仕事に移るように」と指示する
ことは、実際問題として困難である。遂行手段の選択と時間配分の決
定は、通信技術の開発担当者に委ねざるを得ない。

　このような専門業務の性格に配慮し、労働基準法は、みなし労働時
間制の適用を認めている（第38条の3）。

専門業務に従事する者（専門職）に対してみなし労働時間制を適用する制度を「専門業務型裁量労働制」という。

図表４－９　専門業務型裁量労働制のメリット

①　専門業務に従事する者の時間管理を統一的・効率的に行える。
②　時間外労働が長時間化するのを防げる。
③　仕事の成果に応じた人事管理を行える。

(2)　専門業務の範囲

　みなし労働時間制を適用できる専門業務の範囲は、厚生労働省令で決められている。主な業務は、図表に示すとおりである。

図表４－10　専門業務の範囲

①　新技術・新商品の研究開発、人文科学・自然科学の研究の業務
②　情報処理システムの分析または設計の業務
③　新聞・出版業における記事の取材・編集の業務、放送番組の制作のための取材・編集の業務
④　衣服・広告等のデザイン考案の業務
⑤　放送番組・映画の制作におけるプロデューサーまたはディレクターの業務
⑥　コピーライターの業務
⑦　システムコンサルタントの業務
⑧　インテリアコーディネーターの業務
⑨　ゲーム用ソフトウエアの創作の業務
⑩　証券アナリストの業務
⑪　金融商品の開発の業務
⑫　その他

(3)　みなし労働時間の決定基準

　みなし労働時間制を適用することにより、専門職の時間管理を統一的・効率的に行うことが可能になるが、みなし時間は、専門職の労

働実態を踏まえて現実的に設定することが重要である。

一口に「専門職」といっても、その労働時間は、人によって異なるであろう。毎日のように夜の9時、10時ごろまで働いている者もいれば、終業時刻後30分か、1時間程度以内に退社している人もいるであろう。

また、月によっても、労働時間に波が見られるであろう。平均労働時間が比較的長い月もあれば、短い月もあるであろう。

「労働時間が短い専門職」「労働時間が短い月」を基準としてみなし時間を設定すると、専門職の多くは、「みなし時間は、専門職の労働実態に合っていない」として、反発するであろう。

逆に、「労働時間が日常的に長い専門職」「労働時間が長い月」を基準としてみなし時間を設定すると、人件費がかさむことになる。

みなし時間は、「専門職の平均的な労働時間数」「労働時間数の1か月平均値」などを踏まえて設定するのが妥当であろう。

(4) **労使協定の締結と届出**

専門業務についてみなし労働時間制を実施するためには、労働組合（労働組合がないときは、労働者の過半数を代表する者）との間で協定を結び、これを労働基準監督署に届け出ることが必要である。

協定の項目は、図表に示すとおりである。

図表4-11　労使協定の項目

①　制度の対象となる業務
②　みなし労働時間
③　使用者は、対象業務に従事する者に対して、対象業務を遂行する手段、時間配分等について、具体的な指示をしないこと
④　対象業務に従事する者の健康と福祉を確保するための措置を使用者が講じること

⑤　対象業務に従事する者の苦情を処理するための措置を使用者が
　講じること
⑥　対象業務に従事する者の健康と福祉を確保するために講じた措
　置、および苦情を処理するために講じた措置の記録を、協定の有
　効期間終了後３年間保存すること
⑦　協定の有効期間

3　企画業務型裁量労働制

（企画業務に従事する者の勤務時間の取り扱い）

第24条　次の業務に従事する者（以下、「企画職」という）につ
　　いては、労働基準法に定める企画業務型裁量労働制を適用し、
　　労使委員会において決議された時間勤務したものとみなす。

　⑴　会社経営の企画、立案、調査および分析

　⑵　特定分野（営業、海外事業、商品開発、経理、財務、人事
　　その他）の企画、立案、調査および分析の業務

　２　企画職が欠勤したとき、および遅刻・早退により所定勤務時
　　間勤務しなかったときは、第１項は適用しない。

【条項の作成・運用のポイント】

⑴　みなし労働時間制の適用

　経営を取り巻く環境は、常に変化し、流動している。取引先のニー
ズも、消費者の消費行動や意識も、国際環境も、年々変化している。
金融市場も、国内の景気の動向も、流動している。

　このような変化の激しい時代において、会社が中長期的に売り上げ
と利益を伸ばしていくためには、事業の運営について、合理的・現実
的で、かつ、整合的な計画を立て、その計画に基づいて経営を進めて
いくことが必要である。

経営計画・事業戦略の企画・立案・調査・分析の重要性は、いくら強調しても、強調しすぎることはない。

経営の企画・立案の業務は、「資料・データを総合的に分析する能力」「時代や社会の流れの先を見通す能力（洞察力）」「独創的な発想をする能力」などを必要とする高度の知的業務である。このため、その業務の遂行の手段の選択や時間配分などについて、会社の方で指示したり、命令したりすることが困難である。手段の選択や時間配分は、担当者の裁量に委ねざるを得ない。

労働基準法は、経営の企画・立案の業務の性格に配慮し、みなし労働時間制の適用を認めている（第38条の4）。

就業規則において定められたみなし時間が、企画職の労働時間となる。

みなし労働時間制を実施することにより、企画職の労働時間を統一的・効率的に処理することが可能となる。

(2) **本人の同意**

企画職に対してみなし労働時間制を適用するためには、あらかじめ本人の同意を得なければならない。

様式例4－2　同意書

　　　　　　　　　　　　　　　　　　　　　　○○年○○月○○日

取締役社長○○○○殿

　　　　　　　　　　　　　　　　　　　　○○部○○課○○○○印

　　　　　　　　　　　　　　同意書

労働基準法第38条の4に定める企画業務型裁量労働制を適用されることに同意します。

（業務）経営の企画・立案・調査・分析

　　　　　　　　　　　　　　　　　　　　　　　　　　　　　以上

⑶ 労使委員会の決議

① 労使委員会とは

　企画業務型裁量労働制度は、労使委員会において一定の事項を決議し、その決議を労働基準監督署に届け出ることが要件となっている。

　労使委員会とは、「賃金、労働時間その他の労働条件に関する事項ついて調査審議し、その事項について事業主に意見を述べることを目的とする委員会（使用者およびその事業場の労働者を代表する者を構成員とするものに限る）」である。

図表4－12　労使委員会の要件

①　賃金、労働時間その他の労働条件に関する事項ついて調査審議し、その事項について事業主に意見を述べることを目的として、その事業場に設置されるものであること
②　労働組合（労働組合がないときは、労働者の過半数を代表する者）から、任期を定めて指名されている者が委員の過半数以上を占めていること
③　議事録を作成、保存するとともに、労働者に周知すること

（注）　平成2・1・29　基発45号、平成15・3・26　基発3600号）

② 決議事項

　決議事項は、図表に示すとおりである。

図表4－13　労使委員会の決議事項

①　対象業務 ②　対象社員の範囲（対象業務を適切に遂行するに必要な知識・経験等を有する者） ③　みなし労働時間 ④　対象社員の健康と福祉を確保するための措置の内容 ⑤　対象社員の苦情を処理するための措置の内容 ⑥　みなし労働時間制の適用について、対象社員の同意を得ること

⑦　対象業務に従事する者の健康と福祉を確保するために講じた措置、および苦情を処理するために講じた措置の記録を、協定の有効期間終了後３年間保存すること

⑧　協定の有効期間

4　適用除外

（適用除外）

第25条　次に掲げる者には、本章に定める勤務時間、休憩および休日に関する規定は適用しない。

(1)　課長以上の役職者

(2)　役員専用車運転手

【条項の作成・運用のポイント】

(1)　労働時間等の適用除外

労働基準法は、労働時間、休憩および休日について定めている。しかし、社員の中には、その地位や業務の形態等から判断して、これらの規定の適用が適当でない者がいる。

このため、労働基準法は、一部の者について、労働時間、休憩および休日の規定の適用を免除している（第41条）。

一般の会社の場合、労働時間、休憩および休日の規定を適用しなくてもよいのは、管理者、機密業務担当者および監視・断続的労働に携わる者である。

(2)　管理者の要件

会社は、経営を組織的・効率的に行うため、係・課・部という組織を設けている。そして、組織（部門）ごとに、業務遂行の責任を持つ役職者（係長・課長・部長）を任命している。

これらの役職者のうち、課長以上の役職者（管理者）は、一般に、社員の労務管理に関して経営者と一体的な立場にあり、ある程度自由に行動しなければならないことが多い。もしも、労働基準法の労働時間、休憩および休日の規定を厳格に適用すると、管理者の業務に支障が生じる可能性がある。

このため、労働基準法は、「管理者には、労働時間、休憩および休日の規定は適用しなくてもよい」と定めている。

「管理者には、労働時間の規定を適用しなくてもよい」ということは、

・始業時刻に遅れても、遅刻扱いとはしない

・終業時刻の前に退社しても、早退扱いとはしない

・1日8時間以上働いても、時間外労働手当を支払わなくても差し支えない

ということである。

また、「管理者には、休日の規定を適用しなくてもよい」ということは、「休日に働いても、休日労働手当を支払わなくても差し支えない」ということである。

なお、「管理者」は、課長・部長などのライン系統の役職者に限らない。いわゆるスタッフ部門の者であっても、大きな権限と責任を与えられ、「経営者と一体となって労務管理を行う立場」にあれば、管理者といえる。

(3) 管理者の範囲の拡大

会社は、労働条件（雇用期間、職務内容、給与、その他）の決定その他労務管理について、経営者と一体的な立場にある者に対しては、労働基準法の労働時間・休憩および休日の規定が適用されないので、時間外労働手当および休日労働手当を支払うべき義務はない。

この点に着目して、会社の中には、「時間外労働手当と休日労働手

当の支払いを少しでも減らしたい」「人件費の負担を軽減したい」という思惑から、労務管理についての権限を与えられていない者を「管理者」に任命し、時間外労働手当と休日労働手当の支払いを免れているところがある。しかし、このような管理者の範囲の拡大解釈は、問題である。

　厚生労省では、

　　・職務の内容

　　・与えられている権限

　　・給与の額

　　・その他

を総合的に判断して、管理者の範囲を決めるべきであるとしている（昭和63・3・14、基発150号）。

(4)　機密業務を取り扱う者

　労働基準法は、「機密事項を取り扱う者」についても、労働時間・休憩・休日の規定を適用しないことを認めている。

　その代表は、役員秘書であろう。役員秘書は、経営幹部や役職者ではないが、その立場上、会社経営の機密事項を取り扱うことが多い。

　このため、労働時間・休憩・休日の規定を適用しなくても差し支えない。

(5)　監視・断続労働者とは

　一定の場所において監視することを本来の業務とし、身体的または精神的な緊張の少ない業務を「監視労働」という。また、手待ち時間が相当多いものを「断続労働」という。

　守衛や警備員の業務は、監視労働であり、役員専用車の運転は、断続労働である。

　監視労働・断続労働も、労働時間・休憩・休日の規定を適用しなく

ても差し支えない。

なお、監視・断続業務に従事する者に対して、労働時間・休憩・休日の規定を適用しないことにするときは、あらかじめ労働基準監督署に、その労働の実態を申し出て、許可を得ることが必要である。

第4節　休暇

1　年次有給休暇

（年次有給休暇）
第26条　6か月以上継続して勤務し、かつ、所定勤務日数の8割以上勤務した者には、次の区分により、有給休暇を与える。

勤続	休暇日数
6か月	10
1年6か月	11
2年6か月	12
3年6か月	14
4年6か月	16
5年6か月	18
6年6か月以上	20

2　出勤率の算定において、次の期間は、出勤したものとみなす。
 (1) 業務上の傷病による休業期間
 (2) 産前産後の休暇
 (3) 育児休職の期間
 (4) 介護休職の期間
 (5) 年次有給休暇を取得した日数

3　年次有給休暇を取得するときは、その前日までに届け出なけ
　ればならない。やむを得ない事情により事前に届け出ることが
　できないときは、事後速やかに届け出なければならない。
4　年次有給休暇は、請求された時季に与える。ただし、請求さ
　れた時季に与えると、業務の正常な運営に支障が生じる場合に
　は、他の時季に変更することがある。
5　年次有給休暇は、半日単位で取得することもできる。半日単
　位の年次有給休暇は、2回をもって1日とする。
6　年次有給休暇の有効期間は、付与した日から2年とする。

【条項の作成・運用のポイント】

(1)　年次有給休暇の日数

　労働基準法は、6か月以上継続して勤務し、かつ、所定勤務日数の
8割以上勤務した者に対して、次の図表に示す区分により、有給休暇
を与えなければならないと定めている（週5日以上勤務する者の場
合）。

図表4-14　年次有給休暇の付与日数

勤続	休暇日数
6か月	10
1年6か月	11
2年6か月	12
3年6か月	14
4年6か月	16
5年6か月	18
6年6か月以上	20

⑵　休暇年度制の付与日数

年休は、勤続後6か月の時点で発生する。

例えば、5月1日に採用した社員の場合は、11月1日に発生し、8月10日に採用した者は、2月10日に発生する。

労働基準法の規定どおりに付与すると、中途採用の多い会社は、社員一人ひとりによって付与日（権利発生日）が異なることになり、年休管理が煩雑となる。その結果、「6か月経過したのに与えない」「法令を下回る日数しか与えない」というミスを犯すことになる。

そこで、採用日に係らず、起算日を統一して一律的に管理することが考えられる。これが「年休年度制」である。

例えば、4月1日から翌年3月31日までを休暇年度とし、4月1日現在の勤続年数を基準として、休暇を与える。この場合、4月1日現在で勤続が1年未満の者は「1年」とみなして11日の休暇を与える。勤続1年を超え2年未満の者は「2年」とみなして12日の休暇を与える。

なお、4月1日までに勤続が6か月に達する者については、その時点で10日の休暇を与える。

この場合の記載例を示すと、次のとおりである。休暇年度制を採用すると、付与日数が労働基準法の規定日数を上回ることになるが、これは起算日を統一することの結果であり、やむを得ない。

○休暇年度制の場合の記載例

（年次有給休暇）

第○条　年次有給休暇は、4月1日から翌年3月31日までを休暇年度とし、前年度の出勤率が8割以上で、かつ、勤続1年以上の者に対し、次の区分により与える。勤続年数の計算は、毎年4月1日現在で行い、1年未満の端数は切り上げる。

勤続	休暇日数
1 年	11
2 年	12
3 年	14
4 年	16
5 年	18
6 年以上	20

2　休暇年度の途中で採用された者が4月1日以前に勤続6か月に達し、かつ、その6か月の出勤率が8割以上であるときは、その時点で10日の休暇を与える。

(3) 出勤率の算定

年休付与の条件は、「出勤率8割以上」である。出勤率の算定方式は、次のとおりである。

出勤率＝出勤日数／所定勤務日数

次の期間は、出勤したものとしてカウントしなければならない。

① 業務上の傷病による休業期間

② 産前産後の休暇

③ 育児休職の期間

④ 介護休職の期間

⑤ 年次有給休暇を取得した日数

(4) 事前の届出

当日の朝、社員から「今日年休で休みます」と言われると、業務に支障が生じる。人員が少ない職場ほど、その影響は大きい。会社の立場からすると、早い段階での届出を求めたいところであるが、「1週間前まで」あるいは「3日前まで」とするのは、問題であろう。社員

の立場からすると、予定を立てにくいことが多い。

一般的には、「前日まで」とするのが妥当であろう。

⑸　年次有給休暇の時季変更

年休は、請求された時季に与えることとなっている。しかし、請求された時季に与えると、業務の正常な運営に支障が生じる場合がある。例えば、業務の繁忙期に、代替要員を確保することが困難な業務を担当している者に年休を取得されると、業務に影響が出る。

このような場合は、他の時季に変更する権利が会社に与えられている。他の時季に変更を求める権利を「時季変更権」という。

時季変更権は、安易に行使すべきではない。「業務に著しい支障が生じる場合」に限って行使するべきである。また、代替要員の確保などについて、最大限の努力を尽くしたうえで、行使するべきである。

厚生労働省は、年次有給休暇の時季変更権の行使について、「事業の正常な運営を妨げる場合とは、個別的、具体的に、客観的に判断されるべきものでもものであるとともに、事由消滅後能う限り速やかに与えなければならない」としている（昭和23・7・27、基収363号）。

⑹　半休制の実施

年休は、1日単位で与えることとされている。しかし、半日単位で与えることも認められている。

社員の中には、半日単位での取得を希望する者が少なくない。

半休を認めるときは、「年次有給休暇は、半日単位で取得することもできる。半日単位の年次有給休暇は、2回をもって1日とする」と記載する。

⑺　不利益な取り扱いの禁止

職場の人員は、限られている。人員にゆとりのある職場は、存在し

ないであろう。このため、誰かが年休を取得して不在になると、業務に多かれ少なかれ影響が出る。職場のメンバーが何人年休を取得して不在になっても業務に支障が出ないという職場は、ないであろう。

会社の中には、「年休取得による業務への影響をなくしたい」という思惑から、

・賞与の支給に当たって、年休を欠勤扱いとし、支給額を控除する

・皆勤手当、精勤手当の支給において、年休を欠勤扱いとする

などの不利益扱いをしているところがある。

年休を不利益扱いにすると、年休を取得するのを諦める者が出る。このため、年休の不利益扱いは禁止されている。厚生労働省は、「精皆勤手当および賞与の額の算定等に際して、年休を取得した日を欠勤として、または欠勤に準じて取り扱うこと、その他年休の取得を抑制するすべての不利益な取り扱いはしないようにしなければならない」という通達を出している（昭和63・1・1、基発1号）。

(8) 欠勤日の年次有給休暇への振り替え

欠勤について、給与の控除、賞与の控除等を行っている会社が多い。また、欠勤を懲戒処分の対象としている会社も多い。

このようなところから、欠勤した者から「欠勤日を年休に振り替えて欲しい」という申出が出されることがある。

欠勤日の年休への振り替えを認めるかどうかは、会社の自由である。労働基準法は、「認めなければならない」とも規定していないし、「認めてはならない」とも規定していない。

認める場合には、例えば、「病気の場合に限る」「欠勤日以降、1週間以内に申し出た場合に限る」という具合に、一定のルールを設けるのが妥当であろう。

なお、年休への振り替えは、あくまでも本人から申出があった場合に認めるべきである。本人から申出がないのに、会社の方で一方的に

年休に振り替えると、結果的に年休を与えないことになり、労働基準法に違反する。

(9)　退職時のまとめ取り

退職する者が、退職直前に年休をまとめて取得するというケースがしばしば見られる。

例えば、繰り越し分も含めて30日の年休を有する者が6月末日に退職する場合に、30日の年休をまとめて請求し、6月分の給与と夏季賞与とを受け取って退職するというケースである。

このような場合に、会社が「業務に支障が生じる」として、時季変更権を行使できるかどうかが問題となることがある。

会社が時季変更権を行使できるのは、「他に変更できる時季があること」が前提となる。退職者の場合、他に変更できる時季は存在しない。したがって、時季変更権を行使することはできない。

(10)　年次有給休暇の買い上げ

年休について、労働基準法は、「与えなければならない」という表現を使用している。年休の付与は、使用者の義務である。

年休の買い上げを認めると、使用者は、年休付与の義務を果たすことができなくなる。

また、年休の趣旨は、「労働に伴う疲労を回復すること」であるが、買い上げが行われると、疲労の回復ができなくなり、労働者の心身の健康に好ましくない影響を与える。

このようなところから、年休の買い上げは禁止されている。ただし、買い上げが禁止されているのは、「労働基準法で付与が定められている日数」である。図表に示すものについては、買い上げても差し支えない。

例えば、付与された日から2年が経過し、10日の年休が無効となる

71

とする。この場合、その10日の年休を買い上げることは差し支えない。また、買い上げの単価をどのように決めるかは、会社の自由である。

図表4－15　買い上げができる年休

① 法律を上回って付与している日数
② 付与日から2年が経過して無効となる年休
③ 退職に伴って無効となる年休

2　年次有給休暇の時季指定

（年次有給休暇の時季指定付与）

第27条　年次有給休暇のうちの5日については、付与日から1年
　　以内に、時季を指定して与える。ただし、本人の時季指定また
　　は計画的付与制度により付与した日数があるときは、その日数
　　を控除する。

【条項の作成・運用のポイント】

(1)　**年休取得の現状**

　年休は、労働に伴う疲労の回復と健康の維持、心身のリフレッシュ、家族との団欒などのために、労働者に付与される有給の休暇である。

　労働者は、労働基準法で定められた日数の年休を100％取得することが望ましい。欧米の先進国では、年休はほぼ100％取得されているといわれる。

　しかし、日本では、「会社や同僚に迷惑を掛ける」「休むと、後で仕事が忙しくなる」「仲間が働いているのに、自分だけ仕事から離れるのは申し訳ない」などの理由で、年休を取得しない者が相当いる。中には、「年休を取得すると、昇給や賞与の支給のための人事考課で厳しく査定されるのではないか」という心配から、年休を取得しない者

72

もいる。このため、年休の取得率は、50％程度にとどまっている。

(2) 労働基準法の改正

2018年、働き方改革関連法で労働基準法の改正が行われ、年休を10日以上付与されている労働者に対し、5日については時季を定めて与えなければならないことになった（労働者自身の時季指定や計画的付与制度によって付与された年休の日数分については、5日から控除される）。

年休の時季指定による付与制度は、2019年4月1日から施行されている。

○改正労働基準法第39条第7項・第8項の定め

> 使用者は、年次有給休暇の日数が10日以上の労働者に対し、年次有給休暇のうち5日については、年次有給休暇の付与後、1年以内の期間に時季を定めて与えなければならない。ただし、労働者の時季指定又は計画的付与制度により年次有給休暇を与えた場合は当該与えた日数分については、使用者は、時季を定めて与えることを要しない。

図表4－16　会社が時季指定する日数

> ・原則➡5日
> ・労働者の時季指定、または計画的付与で与えた年休が1日あるとき➡4日
> ・労働者の時季指定、または計画的付与で与えた年休が2日あるとき➡3日
> ・労働者の時季指定、または計画的付与で与えた年休が3日あるとき➡2日
> ・労働者の時季指定、または計画的付与で与えた年休が4日あるとき➡1日
> ・労働者の時季指定、または計画的付与で与えた年休が5日あるとき➡ゼロ

(3) **罰則**

時季指定に違反すると、30万円以下の罰金に処せられる。

(4) **労働者の意見の聴取**

時季指定については、次の2点に留意することが必要である（厚生労働省令による）。

① 労働者に対して時季に関する意見を聴くこと

② 時季に関する労働者の意見を尊重するように努めること

(5) **時季指定日（休暇日）の決定と通知**

年休は、本来的に、社員自身が使用目的を明確にしたうえで、時季を指定して取得すべきものである。会社の方で時季を指定して与えるというのは、本来のあり方ではない。

また、社員の中には、会社が年休の時季を指定することについて、懐疑的・否定的な者もいるであろう。

このようなことを考慮すると、年休を付与した時点からしばらくの間（例えば、6か月程度）は、本人の自由な意思に委ね、「このまま推移したら、年休の取得日数は5日に満たないであろう」と判断された時点で、時季指定による付与に踏み切るのが現実的であろう。その時点で、

・業務の繁閑（職場全体の忙しさ）

・各人の希望

を踏まえて、「誰を、いつ休ませるか」を決める。

年休を4月1日付で全社員に一斉に付与している会社の場合は、9、10月ごろまでは各人の自主的な判断にゆだね、11月ごろに、時季指定による付与を行うかどうかを判断する。その結果、「このまま推移したら、年休の取得日数は5日に満たない」と判断されたときに、本人と話し合って時季指定を行う。

付与日を決めたときは、本人に通知する。

様式例4－3　年休の時季指定通知書
○例1

	○○年○○月○○日

○○部○○課
○○○○様

　　　　　　　　　　　　　　　　　　　　　　　取締役社長

　　　　　　　　　　年休の時季指定通知書
次のとおり、年休の時季を指定します。
○○月○○日（　）

　　　　　　　　　　　　　　　　　　　　　　　　　　以上

○例2

　　　　　　　　　　　　　　　　　　　　○○年○○月○○日
○○部○○課
○○○○様

　　　　　　　　　　　　　　　　　　　　　　　取締役社長

　　　　　　　　　　年休の時季指定通知書
次のとおり、年休の時季を指定します。

1日目	○○月○○日（　）
2日目	○○月○○日（　）
3日目	○○月○○日（　）
4日目	○○月○○日（　）
5日目	○○月○○日（　）

　　　　　　　　　　　　　　　　　　　　　　　　　　以上

(6)　年休管理簿の作成
　厚生労働省令は、「使用者は、労働者の年次有給休暇の取得状況を確実に把握するため、年次有給休暇の管理簿を作成しなければならない」と定めている。

様式例4－4　年休管理簿

年休管理簿（○○年度）					
				○○部○○課	
氏名	付与日数	繰り越し日数	取得日（実績）	計	備考
○○○					
○○○					
○○○					
○○○					
○○○					
○○○					
○○○					

以上

3　年次有給休暇の計画的付与

（年次有給休暇の計画的付与）

第28条　会社は、各人の年次有給休暇のうち5日を除く日数について、労働組合との間で労使協定を結び、計画的に付与することがある。

【条項の作成・運用のポイント】

(1)　労働基準法の定め

あらかじめ日にちを指定して年休を与える制度を「年休の計画的付与」という。

労働基準法は、年休取得を推進するため、「使用者は、労働組合（労働組合がないときは、労働者の過半数を代表する者）との間で協定を結んだときは、年次有給休暇のうち5日を超える部分について、その

協定の定めるところにより与えることができる」と定めている（第39条第6項）。

(2) 計画的付与の方法

　年休の計画的付与には、実務的に、図表に示すように3つの方法がある。

　全社員一斉方式の場合には、会社を休業とするので、年休の日数が5日に満たない者（勤続の短い者、パートタイマーなど）の取り扱いを決めることが必要である。

　年休の日数が少ない者の取り扱いとしては、

　・休業手当を支払う

　・特別に有給休暇を付与する

などがある。

図表4-17　年休の計画的付与の方法

	例
個人別付与方式	・社員A＝8月1〜3日 ・社員B＝8月4〜6日 ・社員C＝8月7〜9日 ・社員D＝8月10〜12日
全社員一斉付与方式	8月1〜3日
グループ別付与方式	・Aグループ＝8月1〜3日 ・Bグループ＝8月8〜10日

（注）計画的付与日数を3日とし、その3日を一括して付与する場合

(3) 労使協定の締結

　計画的付与を行う場合には、労使協定を締結することが必要である。

77

図表4−18　協定の内容

付与の方法	協定の内容
・全社員一斉付与の場合	具体的な年休の付与日
・グループ別付与の場合	具体的な年休の付与日
・個人別付与の場合	年休付与計画表を作成する時期、手続き

（注）昭和63・1・1　基発1号

4　特別休暇

（特別休暇）

第29条　社員が次のいずれかに該当するときは、次に定める日数の特別休暇を与える。ただし、介在する休日は、休暇日数に含まれるものとする。

(1)　結婚休暇　　本人の結婚　　　　5日

　　　　　　　　子の結婚　　　　　1日

(2)　配偶者の出産休暇　　　　　　　1日

(3)　忌引休暇

　　　①　配偶者、子、父母の死亡

　　　　　　喪主のとき　　　　　　5日

　　　　　　喪主でないとき　　　　3日

　　　②　兄弟姉妹、祖父母、配偶者の父母の死亡

　　　　　　喪主のとき　　　　　　3日

　　　　　　喪主でないとき　　　　1日

2　特別休暇を取得するときは、あらかじめ届け出なければならない。

3　特別休暇は有給とする。

【条項の作成・運用のポイント】

(1) 休暇の種類と日数

休暇の種類としては、結婚休暇、配偶者の出産休暇、忌引休暇などが一般的である。

休暇の種類ごとに、その日数を具体的に決める。

(2) 給与の取り扱い

休暇を有給扱いとするか、それとも無給扱いとするかを決める。

結婚休暇、忌引休暇などの慶弔関係の休暇は、福利厚生という性格を持っている。このため、有給として取り扱うのが適切であろう。

5 生理休暇

（生理休暇）
第30条　生理日の就業が著しく困難な女性社員が請求したときは、必要な日数の休暇を与える。
2　生理休暇は、半日または時間単位で請求することもできる。
3　生理休暇は、無給とする。

【条項の作成・運用のポイント】

生理休暇は、労働基準法で保障されている休暇である。女性社員から請求された日数だけ与えなければならない。その日数を制限することは、禁止されている。

生理休暇の請求は、「生理のために就業が著しく困難である」という事実に基づいて行われるものである。したがって、1日単位で請求すべき理由はない。半日あるいは時間単位で請求することもできる。

社員から半日単位で請求が出されたときは、半日の就業を免除し、

時間単位で請求されたときは、時間単位で就業を免除する。

　生理休暇は、ノーワーク・ノーペイの原則から、無給扱いとするのが妥当であろう。

6　産前産後休暇

（産前産後休暇）
第31条　出産する女性社員に対し、産前6週間（多胎妊娠の場合は、14週間）、産後8週間の休暇を与える。
2　産後6週間を経過し、本人が請求したときは、医師が支障がないと認めた業務に就業させることがある。
3　産前産後の休暇は、無給とする。

【条項の作成・運用のポイント】

(1)　産前休暇と産後休暇

　労働基準法によって、休暇の日数は、産前6週間（多胎妊娠の場合は、14週間）、産後8週間とされているが、産前休暇と産後休暇とでは、その取り扱いが異なる。

　産前休暇は、出産予定日の6週間前から本人の請求に基づいて与えることになっている。請求がなければ、与えなくても差し支えない。これに対して、産後休暇は、本人の意向にかかわらず、強制的に与えなければならない。特にそのうちの6週間は、たとえ本人が就業を希望しても、就業させてはならない。

　なお、産前6週間は、自然の分娩予定日を基準として計算し、産後8週間は、実際の出産日を基準として計算する。

(2)　給与の取り扱い

　産前産後の休暇を有給とするか無給とするかは、会社の自由である。

・ノーワーク・ノーペイの原則があること

・健康保険法に基づき、出産手当金が支給されること

などを考慮すると、無給扱いとするのが妥当であろう。

7　通院休暇

（通院休暇）

第32条　妊娠中の女性社員が請求したときは、母子保健法に定める保健指導または健康診断を受けるための通院休暇を与える。

2　通院休暇は、半日または時間単位で請求することができる。

3　通院休暇は、無給とする。

【条項の作成・運用のポイント】

母子保健法は、保健指導・健康診断の回数を図表に示すように定めている。これを基準にして、休暇を与える。

なお、男女雇用機会均等法は、「事業主は、女性労働者が母子保健法の規定による保健指導または健康診断を受けることができる時間を確保できるようにしなければならない」と定めている（第12条）。

通院休暇は、ノーワーク・ノーペイの原則に基づき、無給扱いとするのが妥当であろう。

図表4－19　保健指導・健康診断の回数

妊娠23週まで	4週に1回
妊娠24週から34週まで	2週に1回
妊娠35週から出産まで	1週に1回

8 公民権の行使

（公民権の行使）

第33条　社員は、勤務時間中に、公民としての権利を行使し、または公の職務（裁判員候補者および裁判員としての職務を含む）を執行するときは、あらかじめ届け出なければならない。

2　会社は、業務上必要であるときは、前項の権利の行使または公の職務の執行に支障のない範囲において、その時刻を変更することがある。

3　第1項に定める時間は、無給とする。

【条項の作成・運用のポイント】

　労働基準法は、「使用者は、労働者が労働時間中に選挙権その他公民としての権利を行使し、または公の職務を執行するために必要な時間を請求した場合においては、阻んではならない。ただし、権利の行使または公の職務の執行に妨げがない限り、請求された時刻を変更することができる」と定めている（第7条）。

　公民としての権利の行使、または公の職務の執行に必要な時間は、無給として取り扱う。

第5章

育児および介護

第1節　育児休職等

1　育児休職

(育児休職)
第34条　子を養育する社員は、育児休職をすることができる。
2　休職の期間は、子が1歳(特別な事情のある場合は2歳)に達する日(誕生日の前日)までの間で、本人が申し出た期間とする。
3　休職するときは、開始日の1か月前までに書面で申し出なければならない。
4　会社は、申出書を受け取るに当たり、必要最小限の範囲で証明書の提出を求めることがある。
5　休職は、無給とする。
6　退職金の計算において、休職期間は、勤続年数には通算しない。
7　社会保険の被保険者資格は、休職中も継続する。
8　復職するときは、休職終了予定日の10日前までに復職届を提出しなければならない。

【条項の作成・運用のポイント】

(1) 育児・介護休業法と育児休職制度

育児休職は、会社に籍を残したまま、一定期間仕事を離れて育児に専念し、再び仕事に復帰するという制度である。「仕事と育児との両立を図りたい」と考えている者にとって、育児休職制度はきわめて重要な制度である。

会社にとっても、育児休職制度は、「仕事のできる社員の離職を防止できる」「優秀な人材を募集・採用できる」「会社のイメージアップを図れる」などのメリットがある。

育児休職制度は、職場における仕事と家庭の両立を図るための制度である。

育児・介護休業法は、

・労働者は、その事業主に申し出ることにより、育児休業をすることができる（第5条第1項）

・事業主は、労働者からの育児休業の申出があったときは、その申出を拒むことができない（第6条第1項）

と定めている。この規定は、規模の大小や業種のいかんを問わず、すべての会社に適用される。

（注）育児・介護休業法は、「育児休業」「介護休業」という用語を使用している。しかし、「休業」は、会社の業務を停止または中止するという印象を与える。

民間の会社では、社員が会社に籍を残したまま、一定期間職務から離れることを「休職」と表現するのが一般的である。子会社への出向や私傷病による休職は、休職の代表的なケースである。したがって、本書では、実務書としての性格上、「育児休職」「介護休職」という表現を用いる。

⑵ **休職期間**

　育児休職ができる期間は、原則として、子が出生した日から１歳に達する日（誕生日の前日）までの間で、社員が申し出た期間とする。

　女性の場合には、労働基準法の規定により産後８週間の休暇が認められているので、それが終了してから育児休職に入ることになる。したがって、子が生まれた日から休職に入るのは、男性社員ということになる。

⑶ **育児休職の申出**

　育児休職をするときは、子の氏名、生年月日などを記載した書面を提出することを求める。

様式例５－１　育児休職申出書

	○○年○○月○○日
取締役社長○○○○殿	
	○○部○○課
	○○○○印

育児休職申出書

1　子の氏名	
2　生年月日	
3　続柄	
4　休職期間	（休職開始予定日）○○年○○月○○日 （休職終了予定日）○○年○○月○○日
5　その他	

以上

⑷ **休職申出の期限**

　会社の立場からすると、社員が育児休職をしたときは、何らかの人手不足対策を講じて、業務への影響を最小限に止めることが必要であ

る。「育児のため、明日から6か月休職します」「来週から子供が1歳になるまで休ませていただきます」などと言われると、人手のやり繰りがつかず、大変困る。

どのような対策を講ずればよいかを決めるには、関係者の意見や希望を聞かなければならず、相当の期間が必要となる。

このような事情に配慮し、育児・介護休業法は、「原則として、休職開始予定日の1か月前までに申し出なければならない」と定めている。

(5) 休職終了日の通知と復職届の提出

育児休職は、社員自身が開始日と終了日を決めて休職するという制度である。また、休職は、本来的に、期間が終了したら職場に復帰し、職務に従事するという制度である。

しかし、現実には、終了日が経過しても復職しないケースが考えられる。例えば、10月末日が終了日で、11月1日から出社すべきであるにもかかわらず、当日何の連絡もなしに出社しない。

休職期間が終了した者が復職しないと、要員が不足し業務に支障が生じる。予定していた量の業務を処理できなくなる。

休職終了日まで休職者と何のコンタクトもとらないというのは、問題である。

要員管理を確実に行うため、

・休職終了日の一定期間前（例えば、1か月前）に、休職終了日と復職日を通知する

・折り返し、復職届を提出させる

という方法を講じるのがよい。これにより、本人に復職の意思を確認する。

様式例５－２　育児休職期間終了通知書

○○年○○月○○日

○○部○○課
○○○○様

取締役社長○○○○印

育児休職期間終了通知書

あなたの育児休職期間は、次のとおり終了するので通知します。

1　終了日	○○年○○月○○日
2　復職日	○○年○○月○○日
3　復職先	○○部○○課
4　その他	

以上

（お願い）復職日の10日前までに復職届を提出してください。

様式例５－３　復職届

○○年○○月○○日

取締役社長○○○○殿

○○部○○課
○○○○印

復職届

次のとおり復職しますのでお届けします。

1　休職終了日	○○年○○月○○日
2　復職日	○○年○○月○○日
3　その他	

以上

（お願い）復職日の10日前までに提出してください。

(6)　休職中の給与の取り扱い

育児休職中の給与の取り扱いについては、

①　無給とする

② 一部有給とする（基本給または所定内給与の一定割合を支給する）

③ 有給とする

の３つがある。

休職中は、当然のことながら業務に従事しない。また、雇用保険から育児休業基本給付金が支給される。

これらのことを考えると、休職中は、「ノーワーク・ノーペイ」の原則に基づいて無給扱いとするのが妥当であろう。無給扱いとすることは、休職中は労務の提供が行われないことによるものであるから、不利益な取扱いには当たらない。

実際、各社の取り扱いを見ると、休職期間を無給扱いとしている会社が圧倒的に多い。

2　育児のための短時間勤務

（育児のための短時間勤務）

第35条　３歳未満の子を養育する社員で、育児休職をしていない者は、次のいずれかを選択して勤務することができる。

⑴　始業・午前10時、終業・午後５時（休憩・正午から１時間）（６時間勤務）

⑵　始業・午前９時、終業・午後５時（休憩・正午から１時間）（７時間勤務）

2　短時間勤務の期間は、１回につき、１か月以上１年以内の連続した期間とする。

3　短時間勤務をするときは、開始日の１か月前までに書面で申し出なければならない。

4　会社は、申出書を受け取るに当たり、必要最小限の範囲で証明書の提出を求めることがある。

5　短時間勤務制度は、子一人につき2回以上利用することができる。

6　短時間勤務期間の給与は、次による。
　　給与＝給与×本人の勤務時間／8時間

7　退職金の算定においては、短縮した勤務時間数を合計し、所定勤務日数に換算したうえで、勤続年数から差し引くものとする。

【条項の作成・運用のポイント】

⑴　育児・介護休業法の規定

　育児についての考えは、社員によって. 異なる。「一定期間休職して、育児に専念したい」と考えている者もいれば、「勤務時間を短くして、育児と仕事とを両立させたい」という考えを持っている者もいる。また、「フルタイムで働き、育児と仕事とを両立させたい」との思いを持っている者もいる。

　これらのうち、「勤務時間を短くして、育児と仕事とを両立させたい」と考えている者のための制度が「短時間勤務制度」である。

　育児・介護休業法は、「事業主は、3歳未満の子を養育する労働者であって育児休業をしない者について、労働者が希望すれば利用できる短時間勤務制度を講じなければならない」（第23条第1項）と規定している。

⑵　勤務時間

　勤務時間の決め方には、
・本人に決めさせる
・会社が決める
の2つがある。

89

会社が決める場合、その決め方には、

- ・1つだけ決める
- ・2つ以上の勤務時間を設定し、その中からいずれかを社員に選択させる

の2つの取り扱いが考えられる。

　会社のほうでいくつかの勤務時間を設定する場合、その中に、「勤務時間を2時間以上短くする」というコースが含まれることが必要である。

(3)　短時間勤務の期間

　短時間勤務の期間を定める。例えば、「1回につき、1か月以上6か月以内の連続した期間とする」というように定める。

(4)　申出の期限

　短時間勤務をするときは、子の氏名、生年月日などを記載した申出書を勤務開始日の1か月前までに提出するものとする。

様式例5－4　育児のための短時間勤務申出書

```
                                    ○○年○○月○○日
取締役社長○○○○殿
                                      ○○部○○課
                                      ○○○○印
              育児のための短時間勤務申出書
```

1	子の氏名	
2	子の生年月日・続柄	○○年○○月○○日（続柄　　　）
3	勤務時間	□6時間勤務　□7時間勤務
4	短時間勤務期間	○○年○○月○○日～○○年○○月○○日
	備　考	

```
                                            以上
```

(5) **超過勤務の命令**

　短時間勤務制度は、育児時間を確保するために勤務時間を短縮することを目的とする制度である。もし、短時間勤務を選択した者に対して、日常的・恒常的に2時間、3時間の超過勤務を命令したら、育児時間を確保できなくなる。育児時間を安定的に確保できなくなれば、短時間勤務制度の意義はなくなる。

　このため、短時間勤務を選択した者に対しては、特別の事情がない限り、超過勤務（短縮した勤務時間を超える勤務）は、命令しないものとする。

(6) **給与・賞与の取り扱い**

　給与は、勤務時間数に応じて支給するのが合理的である。

　　　　短時間勤務中の給与＝

　　　　給与×（勤務時間数／会社の所定勤務時間数）

　例えば、所定勤務時間が8時間である場合に、勤務時間を2時間短縮して6時間としたときは、給与は、次のとおりとする。

　　　　給与＝通常の給与×6/8

　賞与についても、勤務時間数に応じて支給する。

　　　　短時間勤務中の賞与＝

　　　　標準支給額×（勤務時間数／会社の所定勤務時間数）

3　看護休暇

（看護休暇）

第36条　小学校入学前の子を養育する社員は、その子を看護するための休暇（以下、単に「看護休暇」という）を取得することができる。

2　看護休暇の日数は、1年度（4月1日〜翌年3月31日）につ

き5日（子が2人以上の場合は、10日）を限度とする。

3　看護休暇は、1日単位または半日単位で取得するものとする。

4　看護休暇を取得するときは、あらかじめ届け出なければならない。やむを得ない事情により事前に届け出ることができないときは、事後速やかに届け出なければならない。

5　看護休暇は、無給とする。

【条項の作成・運用のポイント】

(1)　育児・介護休業法の規定

　子どもが病気になれば、医者に連れて行かなければならない。病気の予防のために、医者に連れていくことも必要である。そのような子どもの世話に当てるための休暇が「看護休暇」である。

　育児・介護休業法は、

・小学校入学前の子を養育する労働者は、負傷・疾病にかかった子の世話、または疾病の予防を図るための子の世話をするための休暇（看護休暇）を事業主に申し出ることができる（第16条の2第1項）

・事業主は、労働者から看護休暇の申出があった場合、その申出を拒むことができない（第16条の3第1項）

と定めている。

(2)　看護休暇の日数

　育児・介護休業法は、「看護休暇の日数は、1年度（4月1日〜翌年3月31日）につき5日（子が2人以上の場合は、10日）を限度とする」と定めている。

様式例5－5　看護休暇届

	○○年○○月○○日
取締役社長○○○○殿	
	○○部○○課
	○○○○印

看護休暇届

休暇取得日	○○月○○日（　） □1日　□午前　□午後
子の氏名	
子の生年月日	
世話の内容	
備　　考	

以上。

⑶　**給与の取り扱い**

　看護休暇を有給とするか、無給とするかは、会社の自由である。「ノーワーク・ノーペイ」の原則にしたがって無給とするのが現実的である。

4　育児のための時間外勤務の制限

（育児のための時間外勤務の制限）

第37条　小学校入学前の子を養育する社員は、時間外勤務の制限を請求できる。

2　会社は、請求があったときは、1か月24時間、1年150時間を超えて時間外勤務を命令しない。ただし、事業の正常な運営を妨げる場合は、この限りではない。

3　時間外勤務の制限を請求できる期間は、1回につき、1か月以上1年以内とする。

```
4  請求は、開始予定日の1か月前までに行わなければならない。
5  請求は、2回以上行うことができる。
```

【条項の作成・運用のポイント】

(1) 育児・介護休業法の規定

　1日8時間働いたうえに、さらに1時間、2時間、あるいはそれ以上の時間残業してから帰宅し、育児に当たるというのは、相当に大変である。

　そこで、育児・介護休業法は、育児を容易にするため、「事業主は、小学校入学前の子を養育する労働者が請求した場合には、1か月について24時間、1年について150時間を超えて時間外労働をさせてはならない。ただし、事業の正常な運営を妨げる場合は、この限りでない」（第17条第1項）と定めている。

(2) 時間外労働の制限

　育児・介護休業法の規定を踏まえ、

　・小学校入学前の子を養育する者から請求があったときは、1か月24時間、1年150時間を超えて時間外労働を命令しないこと

　・ただし、事業の正常な運営を妨げる場合は、命令することがあること

を定める。

　制限期間は、社員自身が決めることになっている。したがって、社員が1年未満の期間で請求することも考えられる。そのように1年未満で請求したときは、その請求期間において、150時間を超えないようにしなければならない。

　例えば、9か月で請求したときは、その9か月において150時間を超えないようにしなければならない。

制限の請求期間においては、「1年150時間」と「1か月24時間」の両方の制限がかかるが、請求期間が6か月以下の場合には、「1年150時間」の時間制限の意味はなくなるので、実質的には「1か月24時間」の上限のみが生きることになる。

例えば、請求期間が5か月の場合には、各月それぞれ24時間を超えないようにしなければならない。これにより、期間全体の時間外労働の上限は、24時間×5か月＝120時間に抑えられる。

(3) **時間外労働の制限期間**

時間外労働の制限を請求することができる期間について、育児・介護休業法は、「1回につき、1か月以上1年以内」と規定している。

様式例5-6　育児のための時間外勤務制限の請求書

	○○年○○月○○日
取締役社長○○○○殿	
	○○部○○課
	○○○○印

育児のための時間外勤務制限請求書

1 子の氏名	
2 子の生年月日・続柄	○○年○○月○○日（続柄　　　）
3 時間外勤務制限期間	（開始予定日）○○年○○月○○日 （終了予定日）○○年○○月○○日
4 その他	

以上

第2節　介護休職等

1　介護休職

（介護休職）

第38条　要介護状態にある家族を有する社員は、介護休職をする
　　　ことができる。

2　休職期間は、対象家族1人につき通算93日の範囲で、社員が
　　申し出た期間とする。

3　休職の申出は、対象家族1人につき3回までとする。

4　休職するときは、開始日の2週間前までに書面で申し出なけ
　　ればならない。

5　会社は、休職申出書を受け取るに当たり、必要最小限の範囲
　　で証明書の提出を求めることがある。

6　休職は、無給とする。

7　退職金の算定において、休職期間は、勤続年数に算入しない。

8　社会保険の被保険者資格は、休職期間中も継続する。

【条項の作詞・運用のポイント】

(1)　育児・介護休業法の規定

　高齢化が急ピッチで進展している。高齢者の数が増加し、総人口に
占める高齢者の割合が高まっている。これに伴い、要介護の父母や配
偶者などを抱える社員が増加する傾向にある。

　介護は、身体的・精神的な疲労を伴う。会社の仕事を続ける一方で
家族の介護に当たるのは、きわめて大変である。

　介護休職は、会社に籍を残したまま、一定期間介護に専念し、当初
の期間が経過したら再び職場に戻るという制度である。会社を退職す

ると、再就職がきわめて難しくなる。しかし、介護休職制度があれば会社を辞めないで済むので、失業や再就職探しの心配はない。

　育児・介護休業法は、「要介護状態にある家族を介護する社員は、会社に申し出ることにより休職できる」と定めている。

(2)　「要介護状態」と「対象家族」

　育児・介護休業法によれば、「要介護状態」とは「負傷、疾病または身体上もしくは精神上の障害により、常時介護を必要とする状態」をいう。

　また、家族の範囲は「配偶者、父母、子、配偶者の父母、祖父母、兄弟姉妹および孫（いずれも、同居の有無、扶養の有無は問わない）」とされている。

(3)　休職の期間

　介護休職ができる期間は、「対象家族１人につき、通算93日」とされている。

　休職期間を93日よりも長く設定するのは会社の自由である。しかし、「60日」とか、「80日」というように93日よりも短くするのは、法違反である。

(4)　申出の期限

　育児・介護休業法は、

　・休職の申出は、休職開始予定日の２週間前までにしなければならない

　・休職の申出が遅かったときは、会社は、休職の申出日の翌日から起算して２週間を経過する日までの間において、開始日を指定することができる

と定めている。

97

様式例5－7　介護休職申出書

○○年○○月○○日

取締役社長○○○○殿

○○部○○課
○○○○印

介護休職申出書

1　対象家族の氏名	
2　続柄	
3　介護を必要とする理由	
4　休職期間	（休職開始予定日）○○年○○月○○日 （休職終了予定日）○○年○○月○○日
5　上記の家族についてのこれまでの介護休職の日数	
6　その他	

以上

(5)　休職終了の通知と復職届の提出

　休職は、一定の期間職務の遂行を免除するが、その期間が終了したときは職場に戻り、職務を遂行するという制度である。

　休職者は、休職期間が終了したときは、その翌日から職場に復帰する義務がある。しかし、実際には、予定日が経過しても復職しないケースがある。その理由としては、

　・終了日を忘れてしまった

　・復職する意欲がなくなってしまった

　・身体的に疲労し、仕事への自信がなくなった

　・精神的に疲労した

などが考えられる。

　休職者が復職しないと、職場の要員が不足し、業務に支障が生じる。会社としては、復職の意向を確実に把握する必要がある。このため、

・休職中の者に対し、休職終了日の一定期間前（例えば、2週間前）までに、休職の終了日を通知する
・休職中の者に対し、休職終了日の一定期間前（例えば、1週間前）までに復職届を提出させる

という措置を講じるのがよい。

様式例5－8　介護休職期間終了通知書

○○年○○月○○日

○○部○○課
○○○○様

取締役社長○○○○印

介護休職期間終了通知書

あなたの介護休職期間は、次のとおり終了するので通知します。

1　終了日	○○年○○月○○日
2　復職日	○○年○○月○○日
3　復職先	○○部○○課
4　その他	

以上

（お願い）復職日の1週間前までに、復職届を提出してください。

様式例5－9　復職届

○○年○○月○○日

取締役社長○○○○殿

○○部○○課
○○○○印

復職届

次のとおり復職しますのでお届けします。

1　休職終了日	○○年○○月○○日
2　復職日	○○年○○月○○日
3　その他	

以上

（注）復職日の1週間前までに提出してください。

⑹　**休職中の給与の取り扱い**

　休職中は、当然のことながら業務に従事しない。また、雇用保険から介護休業基本給付金が支給される。

　これらのことを考えると、休職中は、「ノーワーク・ノーペイ」の原則に基づいて無給扱いとするのが妥当であろう。無給扱いとすることは、休職中は労務の提供が行われないことによるものであるから、不利益な取扱いには当たらない。

　実際、各社の取り扱いを見ると、休職期間を無給扱いとしている会社が圧倒的に多い。

⑺　**社会保険の取り扱い**

　育児休職の場合は、健康保険、厚生年金保険の被保険者負担分、事業主負担分ともに、保険料が免除される。

　これに対し、介護休職の場合は、保険料の免除は行われない。このため、保険料については、

　・会社が本人に代わって納付する

　・会社が立て替え払いをした金額を本人に請求し、支払わせる

という方法を採用する。

2　介護のための短時間勤務

（介護のための短時間勤務）

第39条　要介護状態にある家族を介護する社員で、介護休職をしていない者は、次のいずれかによって勤務することができる。

　⑴　始業・午前10時、終業・午後５時（休憩・正午から１時間）（６時間勤務）

　⑵　始業・午前９時、終業・午後５時（休憩・正午から１時間）（７時間勤務）

2　短時間勤務は、家族1人につき、利用開始日から3年の間で
2回以上利用することができる。

3　短時間勤務をするときは、開始日の2週間前までに書面で申
し出なければならない。

4　会社は、申出書を受け取るに当たり、必要最小限の範囲で証
明書の提出を求めることがある。

5　短時間勤務期間の給与は、次による。

　　給与＝給与×本人の勤務時間／8時間

6　退職金の算定においては、短縮した勤務時間数を合計し、所
定勤務日数に換算したうえで、勤続年数から差し引くものとす
る。

【条項の作成・運用のポイント】

(1)　育児・介護休業法の規定

　介護を必要とする状態は、人によって相当異なるのが実態であろ
う。長時間の介護を必要とする者もいれば、短時間の介護で済む者も
いるであろう。

　仕事と介護についての考えも、社員によって異なる。「仕事を一定
期間休んで介護に専念したい」と考えている者もいれば、「仕事を続
けながら介護をしたい」「仕事をしながらでも介護ができる」と考え
ている者もいる。

　このような事情に配慮し、育児・介護休業法は、「事業主は、家族
を介護する労働者であって、介護休業をしていない者に関して、労働
者の申出に基づく3年以上の期間、所定労働時間の短縮その他の就業
しつつ家族の介護を行うことを容易にする措置を講じなければならな
い」（第23条第3項）と定めている。

101

(2)　所定労働時間短縮等の措置

　「所定労働時間短縮等の措置」とは、図表に示すものをいう。会社は、これらのうち、いずれか1つを実施すればよい。すべてを用意し、いずれかを社員に自由に選ばせるというわけではない。

図表5－1　介護のための所定労働時間短縮等の措置

1　短時間勤務の制度	①1日の所定労働時間を短縮する制度 ②週または月の所定労働時間を短縮する制度 ③週または月の所定労働日数を短縮する制度（隔日勤務制度、特定曜日のみ勤務する制度） ④労働者が個々に勤務しない日または時間を請求できる制度
2　フレックスタイム制度	
3　始業または終業の時刻を繰り上げ、または繰り下げる制度（時差出勤制度）	
4　介護サービス費用の助成その他これに準ずる制度	

（注）対象者は、介護休職をしない者

(3)　1日の所定労働時間の短縮（短時間勤務制度）

　これらのうち、いずれを採用するかは、各社の自由である。

　職場の要員管理は、効率的・合理的に行われる必要がある。要員管理が適切でないと、日常の業務に著しい支障が生じる。また、現場の役職者の負担も重くなる。

　職場の要員管理を簡便に行い、業務と生産性への影響を最小限に留めるという観点から判断すると、「1日の所定労働時間の短縮」（短時間勤務制度）制度を採用するのが現実的・合理的であろう。

⑷　勤務時間

　勤務時間の決め方には、

　・本人に決めさせる

　・会社が決める

の2つがある。

　会社が決める場合、その決め方には、

　・1つだけ決める

　・2つ以上の勤務時間を設定し、その中からいずれかを社員に選択
　　させる

の2つの取り扱いが考えられる。

　会社のほうでいくつかの勤務時間を設定する場合、その中に、「勤
務時間を2時間以上短くする」というコースが含まれることが必要で
ある。

⑸　短時間勤務の期間

　短時間勤務の期間は、「労働者が申し出た利用開始日から3年の間
で、2回以上利用できる」とされている。

⑹　申出の期限

　短時間勤務をするときは、家族の氏名、要介護状態等を記載した書
面を、利用開始日の2週間前までに会社に提出させる。

様式例5−10　介護のための短時間勤務申出書

○○年○○月○○日

取締役社長○○○○殿

○○部○○課
○○○○印

介護のための短時間勤務申出書

1	家族の氏名・続柄	（続柄　　　　）
2	介護を必要とする理由	
3	勤務時間	□6時間勤務　□7時間勤務
4	短時間勤務期間	○○年○○月○○日〜○○年○○月○○日
	備　　考	

以上

(7)　超過勤務の命令

　短時間勤務制度は、介護の時間を確保するために勤務時間を短縮することを目的とする制度である。もし、短時間勤務を選択した者に対して、日常的・恒常的に2時間、3時間の超過勤務を命令したら、介護の時間を確保できなくなる。介護の時間を安定的に確保できなくなれば、短時間勤務制度の意義はなくなる。

　このため、短時間勤務を選択した者に対しては、特別の事情がない限り、超過勤務（短縮した勤務時間を超える勤務）は、命令しないようにする。

(8)　給与・賞与の取り扱い

　給与は、勤務時間数に応じて支給するのが合理的である。

　　　　短時間勤務中の給与＝

　　　　　給与×（勤務時間数／会社の所定勤務時間数）

　例えば、所定勤務時間が8時間である場合に、勤務時間を2時間短

縮して６時間としたときは、給与は、次のとおりとする。

　　　給与＝通常の給与×6/8

賞与についても、勤務時間数に応じて支給する。

　　　短時間勤務中の賞与＝

　　　　標準支給額×（勤務時間数／会社の所定勤務時間数）

3　介護休暇

（介護休暇）

第40条　要介護状態にある家族を介護する社員は、その家族を介護または世話をするための休暇（以下、単に「介護休暇」という）を取得することができる。

2　介護休暇の日数は、１年度（４月１日〜翌年３月31日）につき５日（要介護家族が２人以上の場合は、10日）を限度とする。

3　介護休暇は、１日単位または半日単位で取得するものとする。

4　介護休暇を取得するときは、あらかじめ届け出なければならない。やむを得ない事情により事前に届け出ることができないときは、事後速やかに届け出なければならない。

5　介護休暇は、無給とする。

【条項の作成・運用のポイント】

⑴　育児・介護休業法の規定

　介護休暇は、介護を必要とする家族の介護や世話をするための休暇である。

　育児・介護休業法は、

・要介護状態にある家族の介護その他の世話をする労働者は、その世話をするための休暇（介護休暇）を事業主に申し出ることができる（第16条の５第１項）

・事業主は、労働者から介護休暇の申出があった場合、その申出を
　拒むことができない（第16条の6第1項）

と定めている。

(2)　介護休暇の日数

　育児・介護休業法は、「介護休暇の日数は、1年度（4月1日～翌
年3月31日）につき5日（対象家族が2人以上の場合は、10日）を限
度とする」と定めている。

様式例5-11　介護休暇届

	○○年○○月○○日
取締役社長○○○○殿	
	○○部○○課
	○○○○印
介護休暇届	

休暇取得日	○月○日　（　） □1日　□午前　□午後
家族の氏名	
続柄	
介護を必要とする理由	
備考	

以上

(3)　給与の取り扱い

　介護休暇は、「ノーワーク・ノーペイ」の原則にしたがって無給と
するのが現実的である。

4 介護のための時間外勤務の制限

（介護のための時間外勤務の制限）

第41条　要介護状態にある家族を介護する社員は、時間外勤務の
　　制限を請求できる。

2　　会社は、請求があったときは、1か月24時間、1年150時間
　　を超えて時間外勤務を命令しない。ただし、事業の正常な運営
　　を妨げる場合は、この限りではない。

3　　時間外勤務の制限を請求できる期間は、1回につき、1か月
　　以上1年以内とする。

4　　請求は、開始予定日の1か月前までに行わなければならない。

5　　請求は、2回以上行うことができる。

【条項の作成・運用のポイント】

(1) 育児・介護休業法の規定

　時間外労働は、終身雇用制の下ではある程度やむを得ないことである。しかし、長時間の時間外労働は、介護をする者に大きな負担を与える。実際、時間外労働で身体的・精神的に疲労した状態で介護を行うのは大変なことである。

　仕事と介護との両立を図るためには、時間外労働の負担を少しでも軽くすることが望ましい。

　このため、育児・介護休業法は、就業しつつ介護を行うのを容易にすることを目的として、「事業主は、介護を行う労働者が請求したときは、1か月について24時間、1年について150時間を超えて時間外労働をさせてはならない」と規定している。

(2) **時間外労働の制限**

育児・介護休業法の規定を踏まえ、

・家族を介護する者から請求があったときは、1か月24時間、1年150時間を超えて時間外労働を命令しないこと

・ただし、事業の正常な運営を妨げる場合は、命令することがあること

を定める。

(3) **時間外労働の制限期間**

時間外労働の制限を請求することができる期間について、育児・介護休業法は、「1回につき、1か月以上1年以内」と規定している。

様式例5−12　介護のための時間外勤務制限の請求書

		○○年○○月○○日
取締役社長○○○○殿		
		○○部○○課
		○○○○印

介護のための時間外勤務制限請求書

1	家族の氏名	
2	続柄	
3	家族の要介護状態	
4	時間外勤務制限期間	（開始予定日）○○年○○月○○日 （終了予定日）○○年○○月○○日
5	その他	

以上

第6章

給与および退職金

1　給与

> （給与）
> 第42条　給与については、別に定める。

【条項の作成・運用のポイント】

　給与は、最も重要な労働条件である。誰もが給与の決め方、支払い方に関心を持っている。

　このため、労働基準法は、「給与の決定、計算および支払いの方法、給与の締切りおよび支払いの時期ならびに昇給に関する事項は、就業規則に必ず記載しなければならない」と定めている。

　ただ、給与に関する事項を就業規則本体に盛り込むと、就業規則の内容が膨大となり、使い勝手が悪くなる。そこで、実務的には、就業規則では、「給与については、別に定める」とだけ記載し、別に「給与規程」を作成するのが現実的である。

2　退職金

> （退職金）
> 第43条　退職金については、別に定める。

【条項の作成・運用のポイント】

多くの会社が退職金制度を実施している。

労働基準法は、「退職金制度のある会社は、退職金制度が適用される社員の範囲、退職金の決定、計算および支払いの方法、退職金の支払いの時期に関する事項を就業規則に記載しなければならない」と定めている。

ただ、退職金に関する事項を就業規則本体に盛り込むと、就業規則の内容が膨大となり、使い勝手が悪くなる。そこで、実務的には、就業規則では、「退職金については、別に定める」とだけ記載し、別に「退職金規程」を作成するのが現実的である。

第7章

異動、休職、退職および解雇

1　異動

> （異動）
> 第44条　会社は、業務上必要であるときは、業務、職場または勤務地の変更を命令することがある。
> 2　異動を命令されたときは、事業所内の異動の場合は2日以内、他の事業所への異動の場合は3日以内（ただし、住居の移転を必要とする事業所への異動の場合は2週間以内）に異動しなければならない。この期間内に異動できないときは、あらかじめ会社に届け出なければならない。
> 3　住居の移転を必要とする事業所への異動の場合、家族を有する者は、家族を帯同して赴任しなければならない。やむを得ない事情により単身で赴任するときは、あらかじめ会社に届け出なければならない。

【条項の作成・運用のポイント】

(1)　**人事異動の種類**

　人事異動には、主として、次のようなものがある。

・業務の変更（例えば、事務職➡営業職）

・職場の変更（例えば、総務課➡人事課）

・勤務地の変更（例えば、東京支店➡大阪支店）

・出向（例えば、本社➡販売会社）

図表7－1　人事異動の効果

・適材適所を実現できる
・社員の職務遂行能力を向上できる
・社員の視野の拡大を図れる
・人事の交流により、組織の一体感・連帯意識を高められる
・職場の空気を清新にできる
・人事の公平性を確保できる

(2)　**異動命令に従う義務**

就業規則は、社員を拘束するという効力を持っている。

就業規則に「会社は、業務上の必要により異動を命令することがある」と記載することにより、会社の人事権が明白となる。社員は、会社の命令に従って異動すべき義務を負うことになる。

例えば、会社が「総務課から営業課に異動し、営業の業務を担当するように」と命令したときは、総務課から営業課に異動し、営業の業務を担当すべき民事上の義務を負う。

経営を円滑に行うためには、人事異動が必要不可欠である。就業規則に異動条項を記載し、必要に応じて異動を命令する。

(3)　**異動の期限**

人事異動は、適材適所の実現その他の目的を達成するために、会社の意思として行われるものである。異動する者は、後任者への業務の引継ぎその他の手続きが必要になるが、その時期が遅くなると、業務

に支障が生じる。

　異動を円滑に行うようにするため、異動の期限について、一定のルールを決めておくことが望ましい。期限内に異動できないときは、会社に届け出ることを求める。

図表７－２　異動の期限（例）

	期限
事業所内の異動	2日以内
他の事業所への異動（住居の移転を必要としない場合）	3日以内
他の事業所への異動（住居の移転を必要とする場合）	2週間以内

様式例７－１　期限内に赴任できないときの届出

	○○年○○月○○日
取締役社長○○○○殿	
	○○部○○課○○○○印
赴任遅延届	

赴任先	
赴任予定日	○○月○○日
赴任が遅れる理由	

以上

⑷　家族帯同赴任の原則

　家族を持つ社員の赴任については、

　・家族を帯同して赴任する

　・単身で赴任する

の２つの選択肢がある。

　単身赴任については、「本人と家族の生活が別々になるため、生活費が余計にかかる」「本人の経済的・精神的な負担が重くなる」など

113

の問題がある。このため、大半の会社は、家族帯同赴任を原則としている。

しかし、子の教育問題、マイホームの維持、配偶者の勤務、その他の事情から、単身での赴任を希望する者が少なくない。このため、家族帯同赴任にあまり強く固執すると、人事異動に支障が生じる可能性がある。

家族を持つ者の取り扱いについては、

・家族を帯同して赴任することを原則とする

・やむを得ない事情によって単身で赴任するときは、あらかじめ会社に届け出る

とするのが現実的であろう。

様式例7－2　単身赴任届

	○○年○○月○○日
取締役社長○○○○殿	
	○○部○○課○○○○印

単身赴任届

赴任先	
単身赴任の理由	
単身赴任の期間	□当分の間 □○○年○○月まで □赴任の全期間
備考	

以上

(5)　単身赴任者の援助

単身赴任は、本人に経済的・精神的な負担を与える。そのような負担を少しでも軽減するため、会社として一定の援助をすることが望ましい。

図表7－3　単身赴任者の援助策

・住宅手当の支給
・住宅、寮の提供
・別居手当の支給
・一時帰宅休暇の付与
・一時帰宅旅費の支給
・家族の赴任地訪問旅費の支給
・その他

2　出向

（出向）
第45条　会社は、業務上必要であるときは、関連会社への出向を
　命令することがある。

【条項の作成・運用のポイント】

⑴　出向とは

　会社に籍を残したまま、会社の命令によって子会社・関連会社・取引先など、他の会社へ異動し、その異動先の指揮命令の下で業務を行うことを「出向」という。出向者は、会社の社員であると同時に、出向先の社員でもある。二重の籍を持つところに、出向の大きな特徴がある。

115

図表７－４　出向の効果

①	出向先の経営力を強化できる
②	会社グループ全体の経営力を強化できる
③	親会社と子会社・関連会社との人的交流を図れる
④	人材の育成を図れる
⑤	中高年社員のポスト不足に対応できる
⑥	高齢社員の定年後の雇用先を確保できる

⑵　**出向命令に従う義務**

　就業規則は、社員を拘束するという効力を持っている。

　就業規則に「会社は、業務上の必要により関係会社への出向を命令することがある」と記載することにより、会社の人事権が明白となる。社員は、会社の命令に従って関係会社に出向すべき義務を負うことになる。

　例えば、製品の販売業務を専門とする子会社を置いている会社の場合、会社がある社員に対し、「子会社に出向し、製品の販売業務を担当するように」と命令したときは、その社員は、子会社に出向して製品の販売業務を担当すべき民事上の義務を負う。

　子会社や関係会社を設置している会社は、就業規則に出向条項を記載し、必要に応じて出向を命令する。

⑶　**出向命令上の配慮**

　会社は、就業規則に「業務上必要であるときは、出向を命令することがある」と記載しておけば、必要に応じて、社員に出向を命令することができる。

　しかし、出向は、「社員を別の会社に派遣する」というもので、社内の人事異動とは性格を異にする。したがって、その命令に当たって

は、その必要性と人選に一定の配慮を払うことが必要である。

　労働契約法は、「出向の命令がその必要性、対象労働者の選定に係る事情その他の事情に照らして、その権利を濫用したものと認められる場合には、その命令は、無効とする」と規定している（第14条）。

　例えば、業務の実態がほとんどない子会社に「労働組合の活動に熱心な者」「経営者の経営姿勢に批判的な者」を出向させた場合には、出向者が裁判を起こしたときに、裁判所から「出向命令権の濫用に当たり、無効である」と言い渡される可能性がある。

(4)　出向者の労働条件

　出向者は、出向先の使用者の指揮命令に従って、出向先の業務に従事する。このため、勤務時間、休憩および休日は、出向先の規定を適用すべきである。

　年次有給休暇は、「勤続6か月以上」という条件が付けられている。このため、出向先の規定を適用すると、年休ゼロとなってしまう。これは、不合理である。このため、出向元の規定を適用すべきである。

　給与・賞与も、「出向者は、出向先の指揮命令に従って、出向先の業務に従事する」ということから判断すれば、本来的には、出向先の給与規程を適用して給与の額を算定し、出向先が支払うべきであろう。

　しかし、一般に出向先は、出向元（親会社）に比べると経営規模が小さく経営力が弱い。したがって、出向先の給与規程を適用すると、出向者の給与・賞与が下がる可能性が大きい。これは、不合理である。このため、給与・賞与については、出向元の給与規程を適用し、出向元が支払うのが望ましい。

　この場合、出向元が支払った給与・賞与の全額または相当額は、出向先に請求し、支払わせる。

117

図表7－5　出向者への就業規則の適用関係

	出向先の就業規則	出向元の就業規則
勤務時間・休憩	○	
休日	○	
年次有給休暇		○
給与		○
賞与		○
社会保険		○
労災保険	○	
安全衛生	○	
表彰・懲戒	○	○

3　休職

（休職）

第46条　社員が次のいずれかに該当するときは、休職とする。

　(1)　業務外の傷病により、欠勤が30日に及んだとき

　(2)　自己の都合により、欠勤が30日に及んだとき

　(3)　公職に就任し、勤務ができなくなったとき

　(4)　刑事事件に関与して起訴され、相当の期間勤務ができなく
　　　なったとき

　(5)　前各号のほか、特別の事由があり、休職させることが適当
　　　であると認められるとき

2　休職するときは、あらかじめ会社に届け出なければならない。

3　業務外の傷病により欠勤した者が出勤し、再び同一または類
　似の事由により欠勤した場合、その出勤期間が30日に達しない
　ときは、前後の欠勤は連続するものとみなす。

4　業務外の傷病により欠勤するときは、医師の診断書を提出し
　なければならない。

【条項の作成・運用のポイント】

⑴　休職の事由

　社員に一定の事情が生じたときに、一定期間、雇用関係を維持したまま、勤務の義務を特別に免除する制度を「休職」という。

　休職の事由としては、

- ・業務外の傷病により、欠勤が一定期間に及んだとき（傷病休職）
- ・自己の都合により、欠勤が一定期間に及んだとき（自己都合休職）
- ・公職に就任し、勤務ができなくなったとき（公職休職）
- ・刑事事件に関与して起訴され、相当の期間勤務ができなくなったとき（起訴休職）

などが一般的である。

　これらのうち、傷病休職および自己都合休職については、一般に、欠勤が先行する。したがって、欠勤が一定期間経過してから休職扱いとするのが一般的である。

⑵　私傷病休職の取り扱い

　休職の中で最も多いのは、私傷病によるものである。

　私傷病休職については、「いったん欠勤した者が出勤し、再び同一または類似の事由により欠勤する」というケースがある。このように、いったん出勤した者が再び欠勤した場合、その出勤期間が一定期間（例えば、30日）に達しないときは、前後の欠勤は連続するものとみなすのが現実的対応である。

　また、私傷病によって欠勤または休職をする者に対して、医師の診断書の提出を求めるものとする。

119

4 休職期間

（休職期間）

第47条　休職期間は、休職事由および勤続年数の区分により、次のとおりとする。

(1)　前条第1号の場合

勤続年数	休職期間
6か月未満	6か月
6か月以上1年未満	1年
1年以上3年未満	1年6か月
3年以上	2年

(2)　同第2号の場合　　　30日

(3)　同第3、4、5号の場合　　　会社が必要と認めた期間

2　前項の休職期間満了前に出勤し、再び同一または類似の事由により欠勤した場合は、前条第3項の規定に準じて取り扱う。

3　休職期間が満了したとき、または休職の事由が消滅したときは、復職する。

4　業務外の傷病により休職した者が復職するときは、医師の診断書を提出しなければならない。

5　業務外の傷病により休職して復職する者が希望するときは、1か月を限度として、勤務時間を短縮して勤務することを認める。

6　休職期間は、勤続年数に通算しない。

【条項の作成・運用のポイント】

(1) 私傷病休職の期間

私傷病休職の期間の決め方には、主として、

・勤続年数に応じて決める

・一律に決める

の2つがある。

　休職は、本来的に、傷病を治すために一定期間特別に勤務を免除するという恩恵的な制度である。したがって、勤続年数に応じて決めるのが適切であろう。

　この場合、休職期間をあまり長くすると、

・人事管理、要員管理が難しくなる

・復職後の職務適応に時間がかかる

などの問題が生じる。

　休職期間は、6か月～2、3年程度とするのが適切であろう。

図表7－6　休職期間の決め方

	例	
勤続年数別	勤続1年未満 勤続2年未満 勤続3年未満 勤続3年以上	6か月 1年 1年6か月 2年
一律	1年	

⑵　**自己都合休職の期間**

　自己都合休職は、資格・免許の取得、海外旅行など、個人的な都合による休職である。「事故休職」と呼んでいる会社もあるが、交通事故、自動車事故による休職ではない。自動車事故で傷害を負い、その治癒のために休職するのであれば、私傷病休職となる。自己都合休職は、社員の個人的な目的のためのものであるから、期間を長くすべき理由は特にない。1か月か、2か月程度で十分であろう。

121

(3) **休職期間満了の予告**

　休職は、あらかじめ一定の期間を定め、勤務を免除する制度である。「休職期間が満了したら復職すること」を前提とする人事制度である。ところが、現実的には、復職に結び付かないケースが少なくない。特に、傷病休職において、その傾向が強い。

　一般に、休職期間が長くなればなるほど、復職への意欲や自信が低下するものである。休職開始当初は、「傷病を１日も早く治し、復職して頑張ろう」という強い意欲があっても、休職期間が３か月、６か月と伸びるにつれた、復職の意欲が衰える。

　傷病休職の場合には、復職を促すため、休職期間満了の１か月程度前に、満了日を告知する文書を送付することが望ましい。この文書では、休職満了日を伝えるとともに、

　　・復職するときは、医師の診断書を提出すること

　　・満了日を経過しても復職できないときは、退職となること

を伝える。

様式例７－３　休職期間満了の予告

	○○年○○月○○日

○○○○殿

　　　　　　　　　　　　　　　　　　　　　　取締役社長○○○○印

　　　　　　　　休職期間満了日について（お知らせ）

休職開始日	○○年○○月○○日
休職満了予定日	○○年○○月○○日
備考	

　　　　　　　　　　　　　　　　　　　　　　　　　　　　　　以上

（注）　1　復職日の10日前までに復職届を提出すること。
　　　　2　復職届には、医師の診断書を添付すること。
　　　　3　満了日を経過しても復職できないときは、就業規則の定めるところにより退職となります。

⑷ **復職届の提出**

　会社としては、要員管理をきちんと行うために、休職者について復職の意思を確認することが必要である。このため、復職日の一定期間（例えば、10日）前までに、復職届の提出を求める。

様式例７－４　傷病休職者の復職届

```
                                        ○○年○○月○○日
  取締役社長○○○○殿
                                        ○○○○印
                      復職届
```

休職満了日	○○年○○月○○日
復職日	○○年○○月○○日
備考	

以上

⑸ **復職後の「慣らし勤務」**

　傷病の治療のために３か月、６か月あるいは１年程度職場を離れていた者にとって、復職したその日から１日８時間のフルタイム勤務は、身体的にも精神的にも負担が重い。復職への自信を失わせる可能性がある。

　復職者に対していきなりフルタイム勤務を強いるのは、問題である。復職を支援し、職場復帰を促進するという観点からすると、「慣らし勤務」を用意するのが望ましい。これは、復職者が希望すれば、復職後一定期間（例えば、２週間程度）、短時間勤務、時間外勤務の免除などを認めるという制度である。

123

図表7－7　傷病休職の復職者の慣らし勤務

慣らし勤務の内容	○本人が希望すれば、次のうち1つ、または2つ以上の措置を講じる。 ・1日の勤務時間の短縮 ・1週の勤務日数の短縮 ・時間外勤務の免除 ・社外での勤務の免除 ・簡易な業務への転換 ・その他
慣らし勤務の期間	2週間～1か月程度

(6)　勤続年数の取り扱い

　休職中は、当然のことながら業務に従事しない。したがって、年次有給休暇や賞与の算定において休職期間を勤続年数に算入する必要はない。

5　退職

（退職）

第48条　社員が次のいずれかに該当するときは、その日をもって退職とし、社員としての身分を失う。

(1)　自己の都合により退職願を提出し、会社が承認したとき、または退職願提出後14日を経過したとき

(2)　死亡したとき

(3)　定年に達したとき

(4)　期間を定めて雇用された者が雇用期間を満了したとき

(5)　休職期間が満了し、復職できないとき、または復職しないとき

2　退職する者から請求のあったときは、退職の理由を記載した証明書を交付する。

【条項の作成・運用のポイント】

(1) 退職の事由

退職とは、社員と会社との雇用関係が終了することである。

退職の事由は、一般的には、自己都合退職、死亡、定年、雇用期間の満了、および休職期間が満了し復職できない場合である。

(2) 退職証明書の交付

労働基準法は、「労働者が、退職の場合において、使用期間、業務の種類、その事業における地位、賃金または退職の事由（退職の事由が解雇の場合にあっては、その理由を含む。）について証明書を請求した場合においては、使用者は、遅滞なくこれを交付しなければならない」と規定している（第22条第1項）。

このため、退職した社員から退職時の証明書の交付を請求されたときは、これを交付する。

6 自己都合退職

（自己都合退職）

第49条　自己の都合で退職するときは、原則として1か月以上前、少なくとも14日前までに退職願を提出しなければならない。

2　退職願を提出した者は、退職日まで誠実に勤務し、かつ、業務の引継ぎを行わなければならない。

3　会社から貸与された金品があるときは、退職日までに返還しなければならない。

4　会社は、必要に応じて、退職者に対し、退職後の再就職および営業秘密の保持に係る誓約書の提出を求めることがある。

125

【条項の作成・運用のポイント】

(1) 退職願の提出時期

　退職事由の中で最も多いのは、自己都合退職である。自己都合退職は、社員の方から会社に対して雇用契約の解消を申し入れることである。

　民法は、雇用契約の解消について、「当事者の一方が雇用契約の解約を申し入れた場合、雇用契約は2週間を経過すると解消する」と規定している（第627条）。

　このため、退職日の少なくとも2週間前までに退職願を提出すべきことを規定する。

　会社としては、退職者が出れば、社員を補充することが必要になる。しかし、社員の補充は、求人条件の決定➡求人広告の作成➡求人広告の掲載（あるいは、ハローワークへの求人申し込み）➡書類選考➡面接➡採用内定という手順を踏まなければならず、時間がかかる。費用もかかる。また、求人広告を打てば必ず応募者が集まるとは限らない。専門的な知識・技術を必要とする職種であればあるほど、補充は困難といえる。

　会社の立場からすると、「自己都合で退職するときは、1か月前に申し出なければならない」「2か月前までに退職願を提出しなければならない」などと、厳しい条件を付けたいところである。

　就業規則において、退職願の提出期限を1か月前、2か月前と定めること自体は問題ないが、退職願が提出されて2週間を経過すると、雇用契約は自動的に解消される。

(2) 誓約書の提出

　自己都合で退職する者の中には、在職中、会社の営業上の秘密に接した者がいるであろう。そのような者が退職後に秘密情報を第三者に

漏えいすると、当然のことながら会社は大きな損失を受ける。

　また、課長以上の役職者、営業経験の長い者、技術開発・商品開発のベテラン社員などが退職後にライバル会社・同業他社に再就職すると、営業上のノーハウが活用されたり、取引先を奪われたりして、経営に影響が出る。

　このため、そのような人材が自己都合で退職するときは、

・営業上の重要情報を退職後に第三者に漏えいしないこと

・退職後一定期間は、会社の許可を得ることなく、ライバル会社に　再就職しないこと

を誓約する書面の提出を求める。

　会社としては、ライバル会社への再就職は、長期にわたって禁止したいであろう。しかし、「職業選択の自由」を考えると、禁止期間をあまり長くするのは問題であろう。1、2年程度とするのが妥当であろう。

　誓約書の提出請求は、会社にとって重要なリスクマネジメントである。

図表7－8　退職時の誓約書の提出

1　提出を求める退職者	・課長以上の役職者 ・営業経験5年以上の者 ・勤続3年以上の技術者 ・商品開発経験3年以上の者 ・その他会社が必要と認めた者
2　誓約事項	・在職中に職務を通じて知り得た営業上の重要情報を退職後に第三者に漏えいしないこと ・退職後1年間は、会社の許可を得ることなく、会社と競争関係にある会社に再就職しないこと

127

様式例7－5　退職時の誓約書

〇〇年〇〇月〇〇日

取締役社長〇〇〇〇殿

〇〇部〇〇課〇〇〇〇印

誓約書

退職に当たり、以下のことを誓約いたします。

1　在職中に職務を通じて知り得た営業上の重要情報を退職後に第三者に漏えいしないこと

2　退職後1年間は、会社の許可を得ることなく、会社と競争関係にある会社に再就職しないこと

7　定年

（定年）

第50条　定年は60歳とする。

2　退職日は、定年に到達した月の末日とする。

【条項の作成・運用のポイント】

(1)　定年年齢

　定年制は、あらかじめ一定の年齢を定め、社員がその年齢に到達したら自動的に雇用関係を解消するという制度である。社員の退職管理を統一的・効率的に行えるというメリットがあるため、広く普及している。

　高齢化の進展に対応して高齢者の雇用を安定的に確保するため、高年齢者雇用安定法は、「定年は、60歳を下回ってはならない」と規定している（第8条）。

(2)　退職日の決め方

　退職日の決め方には、主として次のようなものがある。

・定年年齢に到達した日とする

・定年年齢に到達した月の末日とする（例えば、6月15日に定年に達した人➡6月30日）

・定年年齢に到達した年の末日とする（例えば、6月15日に定年に達した人➡12月31日）

・定年年齢に到達した直後の3月31日とする（例えば、6月15日に定年に達した人➡直後の3月31日）

8　定年後の再雇用

（定年後の再雇用）

第51条　定年に到達した者が希望するときは、嘱託として再雇用する。再雇用契約は1年ごとに行い、最高雇用年齢は65歳とする。

2　前項の規定にかかわらず、業績が不振で雇用が過剰であるときは、再雇用を行わないことがある。

【条項の作成・運用のポイント】

(1)　65歳までの継続雇用の義務

高齢者の65歳までの雇用を安定的に確保するため、高年齢者雇用安定法は、次のいずれかの措置を講ずることにより65歳まで継続的に雇用することを義務付けている（第9条）。

① 定年の引上げ

② 再雇用制

③ 勤務延長制

④ 定年の廃止

これらのうちのいずれを採用するかは、それぞれの会社の自由であるが、高齢者の職務遂行能力、働く意欲および生活設計が人によって

異なることを考慮すると、再雇用制（定年でいったん退職させ、再び嘱託などとして雇用する制度）を採用するのが現実的であろう。

(2) 再雇用の対象者と再雇用日

再雇用制を実施する場合、希望者全員を再雇用の対象とすることが必要である。

会社が、定年退職者一人ひとりについて、その担当業務、経歴、能力などをチェックし、「必要と認めた者」だけを再雇用の対象とすることは認められていない。

また、勤務年数、業務経歴、資格等級などで一定の条件を設け、その条件を満たす者だけを再雇用の対象とすることも、認められていない。

再雇用日については、実務的に、

・定年退職日の翌日とする

・定年退職日の1週間後とする

・定年退職日の2週間後とする

などが考えられる。

(3) 再雇用の方法

再雇用は、6か月または1年ごとに雇用契約を結び、本人が希望すれば雇用契約を更新して65歳まで継続的に雇用するという方法を取るのが現実的であろう。

はじめから「65歳まで雇用する」という形で希望者全員を再雇用するというのは、問題であろう。

(4) 再雇用者の処遇

会社は、再雇用者の能力と経験を最大限有効に活用することが必要である。「高齢だから」「定年を過ぎた社員だから」という理由で、雑

用を担当させたり、軽易な業務に配置するのは、人材の有効活用という観点からすると、大いに問題である。本人の勤労意欲を低下させることになる。

　能力と経験を活用するため、定年到達時の業務を引き続き担当させる。ただし、活力の維持、後継者の育成という観点から、役職は外す。

　勤務時間については、

　　・フルタイム勤務

　　・１日の勤務時間を短くする

　　・週の勤務日数を減らす

などを用意し、本人にいずれかを選択させるのがよい。

　給与（基本給）は、退職時の70％、あるいは80％以下とし、担当業務、能力および勤務時間数などを勘案して個別に決定する。家族手当、住宅手当等の諸手当は、通勤手当を除いて支給しない（図表参照）。

図表７－９　再雇用者の処遇

再雇用日	定年退職日の１週間後
身分	嘱託
雇用契約の期間	１年ごとに更新する
最高雇用年齢	65歳
業務内容	原則として定年時の業務を継続する
役職	外れる
勤務形態	次のいずれかを選択させる。 ・フルタイム勤務 ・週の勤務日数を少なくする ・１日の勤務時間を短くする
給与	①　基本給は定年時の70％以下とし、次の事項を踏まえて個別に決める。 ・業務の内容 ・経験年数 ・勤務形態 ・その他 ②　諸手当は、通勤手当以外は支給しない。
賞与	支給する
退職金	再雇用期間に対しては、支給しない

(5) **再雇用の実施スケジュール**

再雇用は、定年退職者にとって、きわめて重要な問題である。

あらかじめ合理的なスケジュールを定め、整然と実施することが望ましい。スケジュールのモデルを示すと、図表のとおりである。

図表7－10　再雇用の実施スケジュール

実施項目	実施時期等
① 定年退職日の通知	退職予定日の2か月程度前に退職予定日を通知しする。
② 再雇用申請書の提出	退職日の1か月程度前までに、再雇用を希望する者に申請書を提出させる。
③ 再雇用者の業務・給与等の決定	再雇用者の業務、所属、勤務時間、給与等を決定する。
④ 再雇用者への再雇用の通知	退職日の2週間程度前に、再雇用する旨と再雇用の条件・処遇を通知する。
⑤ 退職辞令の交付	退職日に退職辞令を交付する。
⑥ 再雇用の辞令の交付	退職日の翌日または1週間後に再雇用の辞令を交付する。
⑦ 再雇用期間満了の通知	再雇用期間満了の1か月程度前に満了日を通知する。
⑧ 継続雇用申請書の提出	継続雇用（雇用契約の更新）を希望するときは、申請書を提出させる。

(6) **再雇用制度の様式例**

再雇用制度において使用すべき様式を例示すると、次のとおりである。

様式例7－6　定年通知書

〇〇年〇〇月〇〇日

〇〇部〇〇課〇〇〇〇殿

取締役社長〇〇〇〇印

定年通知書

定年退職日について、次のとおりお知らせします。

定年退職日	〇〇年〇〇月〇〇日

以上

（注）定年退職後の再雇用を希望するときは、退職日の1か月前までに再雇用申請書を提出してください。

様式例7－7　再雇用申請書

〇〇年〇〇月〇〇日

取締役社長〇〇〇〇殿

〇〇部〇〇課〇〇〇〇印

再雇用申請書

定年退職後の再雇用について、次のとおり申請します。

再雇用希望日	〇〇年〇〇月〇〇日
勤務時間の希望	□フルタイム勤務 □パートタイム勤務

以上

（注）退職日の1か月前までに提出すること。

133

様式例7-8　再雇用通知書

〇〇年〇〇月〇〇日

〇〇部〇〇課〇〇〇〇殿

取締役社長〇〇〇〇印

再雇用通知書

　定年退職後の再雇用について、次のとおりお知らせします。

再雇用日	〇〇年〇〇月〇〇日
雇用期間	1年（希望があれば、期間を更新）
身分	嘱託
所属	〇〇部〇〇課
給与（基本給）	月額〇〇万円

以上

様式例7-9　再雇用の辞令

〇〇年〇〇月〇〇日

〇〇〇〇殿

取締役社長〇〇〇〇印

再雇用辞令

　嘱託として再雇用する。
　〇〇部〇〇課勤務とする。

以上

⑺　再雇用の停止

　当然のことではあるが、経営は順調に推移するのが理想である。しかし、現実には、世間一般の景気の波を受けて、あるいは、経営方針が取引先や消費者の支持を得ることができず、業績が大きく落ち込むことがある。

　業績が落ち込むと、雇用が過剰となる。

　高年齢者雇用安定法は、定年退職者の65歳までの再雇用を義務付けているが、これは「業績が不振で雇用が過剰になっているときでも、

65歳まで継続雇用せよ」というわけではないであろう。雇用が過剰になっているときに再雇用をしたら、人件費がかさみ、業績はさらに悪くなる。業績が悪いときは、再雇用の停止が許されるであろう。このため、「業績が不振で雇用が過剰であるときは、再雇用を行わないことがある」と明記しておく。

9 普通解雇

（普通解雇）

第52条　社員が次のいずれかに該当するときは、解雇することがある。

(1) 精神または身体の虚弱、障害により、業務に耐えられないと認められるとき

(2) 能率または勤務状態が著しく不良で、就業に適さないと認められるとき

(3) 服務規律違反その他会社の秩序を乱す行為のあったとき

(4) 業務上やむを得ない事情により、業務の運営が困難になったとき

(5) その他前各号に準ずるやむを得ない事情のあったとき

2　解雇するときは、次に掲げる者を除き、30日前に予告し、または平均賃金の30日分に相当する予告手当を支払う。この場合において、予告の日数は、平均賃金を支払った日数だけ短縮することがある。

(1) 2か月以内の期間を定めて雇用した者

(2) 試用期間中であって、採用後14日以内の者

(3) 懲戒解雇され、労働基準監督署の認定を受けた者

(4) 非常災害等の事由により、事業の継続が困難となった場合で、労働基準監督署の認定を受けたとき

【条項の作成・運用のポイント】

(1)　解雇の種類

　解雇は、社員の意思にかかわらず、会社が一方的に社員との雇用関係を打ち切るものである。

　解雇には、

①　普通解雇

②　懲戒解雇

とがある。このうち、懲戒解雇は、服務規律違反など本人の責めに帰すべき事由により、制裁処分として行われるものである。

　これに対し、普通解雇は、さまざまな事由により社員として適格でないと判断された場合に、社員との雇用関係を打ち切るものである。

(2)　普通解雇の事由

　普通解雇の事由としては、主として次のようなものがある。

　　①　試用期間中の不適格性

　試用期間中または試用期間満了時に、勤務態度等から社員として不適格であると判断された場合に解雇する。

　　②　精神・身体の障害

　精神または身体の障害によって業務の遂行が困難であると認められるときは、その障害の程度に応じて、担当業務の変更、配置転換等を行う。それでもなお業務に耐えられないと認められるときは、解雇する。

　　③　能率・勤務成績の不良

　社員の中に仕事の能率や勤務成績が他の者に比較して著しく良くない者がいると、職場全体の生産性が低下する。不良品が出ると、取引先や消費者に迷惑を掛けることとなる。

　職務遂行能力や能率が著しく良くない者に対しては、指導をした

136

り、教育をしたりする。それでもなお改善・向上が見られないときは、やむを得ず解雇する。

④　服務規律違反

どの会社も、組織の秩序を保ち業務を組織的・効率的に遂行するため、社員が守るべきルール（服務規律）を定めている。重大な規律違反があったときは、懲戒処分の対象とするべきである。

しかし、懲戒解雇にすると、本人の経歴にキズが付き、再就職も困難となる。このため、懲戒解雇に代えて、普通解雇とする。

⑤　会社都合解雇（人員整理）

売り上げが落ち込み、しかも回復の見込みが乏しいときは、事業の縮小、停止あるいは廃業に踏み切らざるを得ない。このため、業績不振の程度に応じて、社員の一部あるいは全部を解雇する。

(3)　整理解雇（人員整理）の留意点

会社は、就業規則において「業務上やむを得ない事情により事業の運営が困難になったときは、解雇することがある」と明記しておけば、業績不振で経営が困難に陥ったときに、社員を解雇することができる。

整理解雇を行うときは、次の4点に十分配慮することが必要である。

①　整理解雇の必要性

②　整理解雇を回避するための経営努力

③　対象者の選定

④　整理解雇の手続き

これらへの配慮が欠けていると、解雇された者から解雇の有効性について裁判を起こされたときに、裁判所から「会社の解雇は、解雇権を濫用したものとして無効である」と言い渡される可能性がある。

図表７−11　整理解雇の留意事項

	内容
①　整理解雇の必要性	次のいずれかにより、会社の存続が高度の危機に瀕していること。 ・売上、受注の激減 ・負債の増加 ・有力な取引先の離反 ・その他
②　整理解雇を回避するための経営努力	次のことをしたか。 ・不動産の売却 ・遊休資産の処分 ・交際費の削減 ・組織の統廃合、簡素化 ・役員報酬のカット、役員数の削減 ・希望退職の実施 ・新規採用の抑制、中止 ・その他の経費削減策
③　対象者の選定	対象者の選定において無理のないこと。
④　整理解雇の手続き	労働組合に対して、次のことを説明すること。 ・経営業績の現状 ・解雇の必要性 ・人選の基準 ・その他

(4)　解雇の手続き

　労働基準法は、解雇の手続きについて、図表に示すように定めている。

　これを踏まえて、就業規則においては、「解雇するときは、30日前に予告し、または平均賃金の30日分に相当する予告手当を支払う。この場合において、予告の日数は、平均賃金を支払った日数だけ短縮することがある」と記載する。

図表7-12　解雇の手続きについての労働基準法の規定（第20条）

①	使用者は、労働者を解雇する場合には、少なくとも30日前に予告しなければならない。
②	30日前に予告しないときは、30日分以上の平均賃金を支払わなければならない。
③	天災地変その他やむを得ない事由のために事業の継続が不可能になった場合、または労働者の責めに帰すべき事由で解雇する場合で、労働基準監督署の許可を得たときは、30日前の予告は必要ない。
④	予告の日数は、1日について平均賃金を支払った場合においては、その日数を短縮することができる。

様式例7-10　解雇予告書

○○年○○月○○日

○○部○○課○○○○殿

取締役社長○○○○印

解雇予告書

労働基準法第20条の規定により、解雇について、次のとおり予告します。

解雇の事由	
解雇日	○○年○○月○○日

以上

10　解雇制限

（解雇制限）

第53条　社員が次のいずれかに該当するときは、解雇しない。ただし、第1号の場合において、療養開始から3年を経過しても傷病が治らないで、会社が打切補償を支払ったときは、この限りでない。

(1)　業務上の傷病にかかり療養のために休業する期間およびそ

の後30日間

(2)　産前産後の女性社員が休業する期間およびその後30日間

【条項の作成・運用のポイント】

(1)　労働基準法の規定

　労働基準法は、労働者の保護という観点から、次の期間の解雇を禁止している（第19条）。

①　業務上の傷病にかかり療養のために休業する期間およびその後30日間

②　産前産後の女性社員が休業する期間およびその後30日間

(2)　打切補償支払い後の解雇

　社員が業務上の傷病にかかり療養のために休業する期間およびその後30日間は、解雇できない。しかし、療養開始から3年を経過しても傷病が治らないで、会社が打切補償を支払ったときは、解雇できる（労働基準法第19条但し書き）。

第8章

安全衛生

1　安全衛生

（安全上の遵守事項）

第54条　社員は、職場の安全の確保と災害の防止のため、次の事項を遵守しなければならない。

(1)　常に職場の整理整頓に努めること

(2)　通路、非常用出口、消火設備設置個所を確認し、そこに物品を置かないこと

(3)　危険または有害のおそれのある作業に従事するときは、所定の保護用具を着用すること

(4)　作業の前後には、機械設備の点検を行うこと。点検の結果、異常または故障に気付いたときは、直ちに安全管理者に通報し、その指示に従うこと

(5)　機械設備の始動、操作および停止については、定められた手順および方法を遵守すること

(6)　受け持ちの機械設備以外の機械設備は、安全管理者に無断で操作しないこと

(7)　受け持ちの機械設備が稼働中は、その場を離れないこと。

やむを得ずその場を離れるときは、上司の許可を得ること。

(8) 定められた場所以外では、火気を使用し、または喫煙しないこと

(9) 火災その他の非常災害を発見したとき、または予知したときは、臨機の措置を講ずるとともに、直ちに安全管理者に通報すること

(10) 危険物および有害物を職場に持ち込まないこと

(11) 体調がすぐれないときは、作業を控えること

(安全教育等の受講義務)

第55条 社員は、会社が実施する次の教育訓練を受講しなければならない。

(1) 作業の安全についての教育訓練

(2) 消火および避難の訓練

(保健衛生)

第56条 社員は、職場の保健衛生について会社の指示命令を遵守しなければならない。

【条項の作成・運用のポイント】

(1) 労働安全衛生法の規定

会社は、社員の生命と健康を守るために、職場の安全と衛生に十分注意を払うことが必要である。

労働安全衛生法は、職場の安全と衛生に関して会社が取るべき措置を細かく定めている。会社は、労働安全衛生法を誠実に遵守しなければならない。

同法は、「事業者は、単にこの法律で定める労働災害の防止のための最低基準を守るだけでなく、快適な職場環境の実現と労働条件の改善を通じて職場における労働者の安全と健康を確保するようにしなけ

142

ればならない」と定めている（第3条）。

(2) 安全衛生上の遵守事項

職場の安全と衛生は、社員の理解と協力がなければ実現しない。社員が安全と衛生の重要性を正しく理解し、安全と衛生のために日常的・継続的に行動することの必要性は、いくら強調しても強調しすぎることはない。

安全と衛生に関して、社員が遵守すべき事項を具体的に定める。遵守事項は、業務の実態に即して作成することが必要である。

遵守事項は、とかく掛け声倒れに終わる可能性がある。就職したとき、あるいは新たに職場に配属された当初は守っていても、時間が経過し、業務に習熟するにつれて、守らなくなる。

会社は、社員が安全と衛生の遵守事項を遵守して作業を遂行しているかを定期的・組織的にチェックすることが望ましい。

(3) 安全教育等の受講義務

社員に対して、会社が実施する次の教育訓練を受講することを義務付ける。

・作業の安全についての教育訓練

・消火および避難の訓練

2 健康診断

（健康診断）

第57条　会社は、社員に対して、定期的に健康診断を実施する。

（就業制限措置）

第58条　会社は、健康診断の結果、医師から社員の健康を保持するために必要であると診断されたときは、次のいずれかの措置

を講ずる。
(1)　所定勤務時間の短縮
(2)　時間外勤務の制限
(3)　休日勤務の制限
(4)　仕事の量の減少
(5)　他の作業への転換
(6)　作業場所の変更
(7)　休職
(8)　その他

【条項の作成・運用のポイント】

(1)　健康診断の実施

　労働安全衛生法は、会社に対して、社員の健康診断を毎年定期的に実施することを義務付けている（第66条）。

　これを踏まえ、医師による健康診断を定期的に実施することを定める。

(2)　就業上の措置

　健康診断の結果、医師から「就業上の措置が必要である」と診断された者について、次のうち1つ、または2つ以上の措置を講じる。

・所定労働時間の短縮
・時間外労働の制限
・労働負荷の制限
・他の作業への転換
・その他

第9章

災害補償

1　災害補償

（災害補償）

第59条　社員が業務において負傷し、疾病にかかり、または死亡したときは、労働基準法の定めるところにより、次の補償を行う。

⑴　療養補償　　治療に必要な医療費（治療費、通院費、入院費、看護料等）の補償

⑵　休業補償　　療養のために休業するときは、1日につき平均賃金の100分の60を補償

⑶　傷害補償　　負傷、疾病が治っても身体に障害が残る場合は、その程度に応じて、法律で定める等級により、平均賃金の50日分以上1,340日分以下を補償

⑷　遺族補償　　死亡したときは、遺族に対して平均賃金の1,000日分を補償

⑸　葬祭料　　葬儀を行うときは、平均賃金の60日分を補償

2　災害が業務によるものであるかどうかは、労働基準監督署の認定によるものとする。

【条項の作成・運用のポイント】

(1) 災害補償の種類

　職場では、誰もが災害に見舞われる可能性がある。安全に最大の配慮をしていても、災害に襲われることがある。それが災害というものであろう。災害の補償は、重要な労働条件である。このため、就業規則の記載事項とされている。

　災害補償の種類は、図表に示すとおりである。

図表９－１　災害補償の種類

種類	内容
療養補償	業務において負傷し、または疾病にかかったときは、その負傷・疾病が治るまで、治療に必要な医療費（治療費、通院費、入院費、看護料等）を負担しなければならない。
休業補償	業務において負傷し、または疾病にかかり、その治療のために休業するときは、平均賃金の100分の60に相当する金額を休業補償として支払わなければならない。
障害補償	負傷、疾病が治っても身体に障害が残る場合は、その程度に応じて、平均賃金の50日分以上1,340日分以下を障害補償として支払わなければならない。
遺族補償	業務において死亡したときは、その遺族に対して平均賃金の1,000日分を支払わなければならない。
葬祭料	遺族が葬儀を行うときは、平均賃金の60日分を葬祭料として支払わなければならない。

(2) 通勤災害補償の規定

　通勤災害に対しても、労災保険から補償が行われる。補償の内容は、

業務災害と同じである（療養給付、休業給付、障害給付、遺族給付および葬祭料）。

通勤は、使用者の指揮監督が及ばない私的な行為である。使用者が通勤途上の事故を防止する措置を講ずることは不可能である。このため、通勤上の災害について、使用者は責任を負う立場にはない。労働基準法も、通勤災害に対する使用者の補償義務は定めていない。したがって、就業規則において通勤災害補償を記載する必要はない。

このように、通勤災害は法律上の「業務災害」ではないので、業務災害に適用される「解雇制限規定」は適用されない。このため、通勤災害で療養中の社員を解雇しても、労働基準法違反にはならない。

また、休職についても、私傷病と同一に取り扱って差し支えない。

(3) **労災補償の条件**

労災保険の給付は、業務上の負傷・疾病・死亡に対して行われる。

「業務上」とは、業務と相当因果関係にあることをいう。業務上のものであるかどうかは、業務との因果関係の有無、つまり「業務に就いていたことによって発生した事故」により生じたものであるかどうかによって判断される。

業務に就いていることを「業務遂行性」というが、一般的には、使用者の指揮命令下にある状態をいう。例えば、図表に示すとおりである。

図表９－２　業務遂行性の例示

①	所定の就業場所で、所定の就業時間中に働いていること
②	作業の準備中、後始末中、作業開始前の待機中
③	トイレ、水飲みなどの生理的な必要によって作業を中断しているとき
④	事業所の中で休憩時間を過ごしているとき
⑤	出張途上の場合

(4) 業務起因性

業務に就いていることによって発生したことを「業務起因性」という。すなわち、

① その業務に就いていなければ、負傷等が生じなかったであろうと認められ、かつ、

② そのような業務に就いていれば、そのような負傷等が生じる危険性があると認められる場合

のことである。

一般に、業務遂行性があれば業務起因性も存在する。しかし、次のような場合は、それが事業所施設の欠陥などと相まって生じたものでない限り、業務起因性は認められない。

① 地震等による負傷等

② 恣意的行為、私的行為等による負傷等

(5) 通勤災害の取り扱い

労災保険の給付は、通勤災害についても行われる。通勤災害として保険給付の対象となるのは、社員の通勤による負傷、疾病、障害および死亡である。

「通勤」とは、「労働者が、就業に関し、住居と就業の場所との間を、合理的な経路および方法により往復することをいい、業務の性質を有するものを除くものとする」とされている（労災保険法第7条）。

通勤災害の認定条件は、図表に示すとおりである。

図表9-3 通勤災害の認定条件

①	その者が社員であること
②	往復行為が就業と関係を持っていること
③	住居と就業の場所を起点、終点としていること
④	経路が社会通念上合理的であること（著しく遠回りをしていないこと）

⑤	合理的な交通方法（電車、バス、自動車、自転車、徒歩等）であること
⑥	経路を逸脱していないこと（「逸脱」とは、通勤・就業とは関係のない目的で、合理的な経路を外れることをいう）。往復行為を中断していないこと（「中断」とは、通勤の経路上で、通勤とは関係のないことをすることをいう。ただし、日用品の買い物、病院での診療等は除く）。

2　補償の打ち切り

（補償の打ち切り）

第60条　会社は、業務上の負傷または疾病が療養開始後3年を経過しても治らないときは、平均賃金の1,200日分を支払い、その後は補償を打ち切ることがある。

【条項の作成・運用のポイント】

　会社は、業務上の負傷または疾病が療養開始後3年を経過しても治らないときは、平均賃金の1,200日分を支払い、その後は補償を打ち切ることができる。

3　補償の例外

（補償の例外）

第61条　会社は、業務上の負傷または疾病が社員の重大な過失によるもので、その過失について労働基準監督署の認定を受けたときは、休業補償および障害補償を行わないことがある。

【条項の作成・運用のポイント】

　会社は、業務上の負傷または疾病が社員の重大な過失によるもの

149

で、その過失について労働基準監督署の認定を受けたときは、休業補償および障害補償を行わないことが認められている。

第10章

表彰および懲戒

1　表彰

> （表彰）
> 第62条　社員が次のいずれかに該当するときは、表彰する。
> 　(1)　業務上有益な発明、工夫、改良または考案のあったとき
> 　(2)　災害を未然に防止したとき、または災害の際特に功労のあったとき
> 　(3)　永年誠実に勤務したとき
> 　(4)　社会的善行により会社の信用と名誉を高めたとき
> 　(5)　その他前各号に準ずる行為または功労のあったとき
> 2　表彰は、賞状を授与し、副賞として記念品または金一封を贈ることによって行う。

【条項の作成・運用のポイント】

(1)　**表彰の事由**

　表彰の事由は、一般には、業務上の有益な発明・工夫、災害の発生・拡大の防止、永年勤続、社会的善行などである。

151

⑵　**表彰の方法**

　表彰の方法は、一般には、賞状、記念品、賞金の授与である。

⑶　**表彰制度と勤労意欲の向上**

　社員の立場からすると、自分が業務に関して何か有益な発明、工夫、改良・改善を会社（職制）に提案し、会社がそれを採用したときに、会社が何も応えてくれないと大変失望するものである。当然のことであろう。「もう二度と提案したくない」という気持ちになる。

　逆に、会社が自分の提案を評価してくれると、勤労意欲を向上させ、「さらに良い提案をしよう」という気持ちになる。

　業務上の発明・工夫・改良・改善を最もよく知る立場にあるのは、現場の役職者である。このため、日ごろから役職者に対して、「部下が業務上有益な提案をしたときは、表彰を具申すること」を周知徹底しておくことが望ましい。

2　懲戒

（懲戒）

第63条　社員が次のいずれかに該当するときは、次条に定めるところにより懲戒を行う。

⑴　正当な理由がないのに、遅刻、早退、欠勤または職場離脱を繰り返したとき

⑵　業務上の指示命令に従わないとき

⑶　会社の規則・規程を守らないとき

⑷　会社の機械設備、パソコン、器具、備品を私的に使用したとき

⑸　故意または重大な過失により、会社の機械設備、パソコン、器具、備品を損壊したとき

152

(6) 会社の許可を得ることなく、会社の物品または重要書類を社外に持ち出したとき、

(7) 会社の金品を盗んだとき、または着服、横領したとき

(8) 他の社員に対し、セクハラ、マタハラまたはパワハラをしたとき

(9) 会社内で暴言、暴行、脅迫またはこれらに類する行為をしたとき

(10) 会社内で許可なく集会を開いたとき、または文書を配布・掲示したとき

(11) 故意に会社の業務を妨害したとき

(12) 職務上の地位または権限を利用して、不当に個人的利益を得たとき

(13) 会社の信用と名誉を傷つける言動のあったとき

(14) 会社の営業上の秘密を他に漏らしたとき

(15) アクセスが禁止されているファイルにアクセスしたとき

(16) 社内情報システムの正常な作動を妨げたとき

(17) 故意または重大な過失により、会社に損害を与えたとき

(18) 会社の許可を得ることなく、他に雇い入れられたとき、または事業を営んだとき

(19) 採用条件に関係のある重要な事項を詐称して採用されたとき

(20) 刑法その他の法律に違反する行為をしたとき

(21) 部下の管理監督、業務指導または必要な指示命令を怠ったとき

(22) その他前各号に準ずる不都合な行為のあったとき

（懲戒の種類）

第64条　懲戒は、その情状により、次の区分に従う。

(1) 訓戒　　始末書を取り、将来を戒める。

(2) 減給　　始末書を取り、1回の額が基準内給与の1日分の半額、総額が基準内給与の1か月分の10分の1の範囲内で減額する。

(3) 出勤停止　　始末書を取り、10勤務日以内で出勤を停止する。その期間の給与は支払わない。

(4) 降格・降職　　資格等級を下位へ降格させ、または役職を下位へ降職させる。

(5) 懲戒解雇　　予告期間を設けることなく、即時に解雇する。労働基準監督署の認定を受けたときは、予告手当を支払わない。

【条項の作成・運用のポイント】

(1) 懲戒処分の必要性

会社の業務は、組織的・効率的に行われることが必要である。そのためには、職場において社員が守るべき事項（服務規律・服務心得）を明確に定め、その内容を社員に周知徹底したうえで、それに違反した者を懲戒処分とすることが必要である。

服務心得を定めるだけで、懲戒はいっさい行わないとしたら、現実問題として、職場の秩序を維持することはできないであろう。

懲戒処分は、職場の規律と秩序を維持し、業務を円滑に遂行するための重要なリスクマネジメントといえる。

(2) 懲戒の事由

懲戒の事由としては、一般に次のような行為がある。

① 労務提供上の問題行為

会社が社員を雇用する目的は、業務遂行に必要な労務を提供させるためである。社員は、会社に対し、会社の指示命令に従って労務を提

供すべき義務を負っている。労務がきちんと提供されないと、経営に支障が生じるのは当然のことである。

このため、遅刻、早退、欠勤、職場離脱、業務命令違反など、労務提供にかかわる問題行為を懲戒処分の対象とする。

② 社内ルール違反

会社は、業務に関して一定のルールを設けている。例えば「会社の機械設備を無断で社外に持ち出してはならない」「業務に関係のない機密情報・ファイルにアクセスしてはならない」などである。

ルールが守られないと、業務に支障が生じる。このため、社内ルールに違反した者を処分の対象とする。

③ 物的損害行為

会社には、大は機械設備から小は文房具にいたるまで、さまざまな物品がある。物品は、経営遂行に必要不可欠の手段であるとともに、会社の財産でもある。物品が大切に取り扱われないと、損害が生じる。

このため、機械設備・パソコン等の私的利用、故意の損傷行為などを懲戒処分の対象とする。

④ 他の社員の人権を害する行為

職場は、2人以上の社員で構成される。したがって、他の社員の人間性や権利や立場を尊重して業務を遂行することが求められる。

他の社員に性的な嫌がらせをしたり、職務上の地位や関係を利用して部下や女性社員に暴言を吐いたりすることは許されない。そのような行為が行われると、相手の人権が傷つけられ、勤労意欲が低下する。職場全体の空気も悪くなる。

このため、他の社員の人権を害する行為をした者を懲戒処分の対象とする。

⑤ 信用を傷つける行為

会社にとって、社会的な信用は極めて大事である。信用があるからこそ、取引先と商売ができるし、消費者に商品・サービスを購入して

155

もらえる。また、銀行の融資を受けることができる。

　ところが現実には、社員が会社の信用を傷つける行為をすることがある。

　会社の信用を傷つけた者を処分の対象とする。

⑶　懲戒処分の種類

　懲戒処分の種類としては、図表に示すようなものがある。

図表10−1　懲戒処分の種類

	内容
訓戒	始末書を取り、将来を戒める。懲戒の中では、最も軽い処分。
減給	始末書を取り、給与を減らす。減給は、社員の生活に大きな影響を与えるため、労働基準法は「1回の額が基準内給与の1日分の半額、総額が一賃金支払期における賃金の総額の10分の1以内」と規定している。
出勤停止	始末書を取り、一定期間出勤を停止する。その期間の給与は支払わない。給与の不支給は、出勤停止による不就労に起因するものであるから、労働基準法の「減給は一賃金支払期における賃金の総額の10分の1以内」という規定は適用されない。 出勤停止の期間について、法律上の制限は特にない。
昇給停止	始末書を取り、昇給を額または率を他の社員よりも低く抑えるか、あるいは昇給を停止する。 懲戒処分として昇給停止を行っている会社は多いと思われるが、規定として定めているところは多くはない。
降職	始末書を取り、係長・課長・部長等の役職を解任するか、あるいは下位の役職に降格させる。 解任・降職に伴って、給与も減給となる。
降格	始末書を取り、資格等級を下位の等級に下げる（資格等級制度のある会社の場合）。
諭旨退職	これは、本来であれば懲戒解雇が相当である場合において、退職を勧奨し、自主的に退職させるというもの。退職金は、その一部または全部を不支給とする。 懲戒解雇にすると、経歴にキズが付き再就職が困難となる。このため、このような温情的措置が講じられる。 事例は多いが、就業規則で明記しているところは少ない。

| 懲戒解雇 | 予告期間を設けることなく、即時に解雇する。労働基準監督署の認定を受けたときは、予告手当を支払わない。
退職金は支払わない。 |

(4) 出勤停止の期間

出勤停止については、実務的に、

・最高期間を定める

・最高期間は特に定めず、事案に応じて決める

の2つの対応がある。

各社の事例を見ると、最高日数を決めているところが多い。

最高期間について、労働基準法の定めは特にない。各社の事例を見ると、「7日以内」、「14日以内」と「1か月」が多い（いずれも、休日を含める暦日ベースで設定している場合）。

出勤停止の最高期間が2、3日程度では、重大な規律違反に対応できない可能性がある。一方、その期間中は給与が支払われないので、数か月に及ぶのは好ましくない。一般的・常識的にいえば、「14日以内」（暦日ベース）、「10日以内」（労働日ベース）とするのが妥当であろう。

(5) 懲戒解雇の事例

労働基準法は、「労働者の責に帰すべき事由」による解雇で、労働基準監督署の認定を受けたときは、予告手当（平均賃金の30日分）を支払うことなく解雇できることを定めている（第20条）。「懲戒解雇」は、一般にこれに該当する。

「労働者の責に帰すべき事由」として、厚生労働省では、図表に示すものを挙げている。

図表10－2 「労働者の責に帰すべき事由」の事例

①	事業場内における盗取、横領、傷害等、刑法犯に該当する行為のあった場合、あるいは事業場外で行われた盗取、横領、傷害等、刑法犯に該当する行為であっても、それが著しく当該事業場の信用・名誉を失墜させるもの
②	賭博、風紀紊乱等により職場規律を乱し、他の労働者に悪影響を及ぼす場合、また、これらの行為が事業場外で行われた場合であっても、それが著しく当該事業場の信用・名誉を失墜させる場合
③	雇い入れの際の採用条件の要素となるような経歴を詐称した場合
④	他の事業場へ転職した場合
⑤	2週間以上正当な理由なく無断欠勤し、出勤の督促に応じない場合
⑥	出勤不良または出欠常ならず、数回にわたって注意を受けても改めない場合

（注）昭和31・3・1、基発111号による。

(6) 平等取り扱いの原則

懲戒の内容を決めるに当たっては、

・他の社員とのバランス（同一事案の処分対象者が2人以上いる場合）

・過去の事案とのバランス

に十分配慮することが必要である。

2人の社員が同じ規律違反をした場合に、1人の社員は訓戒にとどめ、別の社員は1週間の出勤停止にするというようなアンバランスがあってはならない。

また、過去に同じ事案が生じたときは、減給（月額の10％）に留め、今回は出勤停止10日の処分にするというアンバランスがあってはならない。

同一の規律違反の処分にアンバランスがあると、社員は、会社の人事管理に対して不信感を抱く。そうした不信感は、日常の勤労意欲や会社への忠誠心にも影響する。

また、アンバランスがあると、懲戒処分を受けた社員が処分の妥当性・有効性について裁判を起こしたときに、裁判所から「会社の懲戒は、処分の選択に関する裁量の範囲を超えており、懲戒権の濫用に当たる」と認定される可能性がある。

3　懲戒制度の運用

（懲戒の決定基準）

第65条　懲戒処分の種類・内容は、服務規律違反の内容、故意または過失の程度、業務への影響の程度、違反行為の動機、本人のこれまでの勤務態度および勤務成績ならびに反省の程度等を総合的に考慮して決定する。

（自宅謹慎）

第66条　事実関係の調査のために必要であるときは、懲戒行為をした者に対して、処分が決定されるまでの間、自宅謹慎を命令することがある。

（懲戒の軽減）

第67条　懲戒行為をした者が次のいずれかに該当するときは、懲戒を軽減し、または免除することがある。

（1）　情状酌量の余地があるとき

（2）　改悛の情が明らかに認められるとき

（教唆・手助けの懲戒）

第68条　社員が他の社員を教唆し、または手助けをして懲戒行為をさせたときは、懲戒行為をした者に準じて懲戒処分を行う。

（懲戒の加重）

第69条　懲戒行為をした者が次のいずれかに該当するときは、懲戒を加重する。

（1）　前回の懲戒処分から１年を経過していないとき

159

(2) 同時に2つ以上の懲戒行為をしたとき

（役職者の監督責任）

第70条　役職者の監督不行届きにより部下が懲戒行為をしたときは、
　　　その監督責任の範囲において役職者を懲戒処分に付することがある。

【条項の作成・運用のポイント】

(1) 懲戒処分の基準

　社員が「懲戒事由に該当する行為をした」というだけで懲戒処分を行うのは、適切とはいえないであろう。

　一口に規律違反・不正行為・懲戒行為といっても、その動機・目的、業務への影響の程度はさまざまである。また、本人が深く反省している場合もあれば、あまり改悛の情が認められない場合もある。

　このような事情を考えると、処分するかどうか、処分するとすればどのような処分にするかは、図表に示すような事項を総合的に判断して決定するのが現実的・合理的・説得的であろう。

図表10−3　懲戒処分の決定基準

①	服務規律違反の内容
②	故意または過失の程度
③	業務への影響の程度（業務にどの程度の支障が生じたか）
④	違反行為の動機
⑤	本人のこれまでの勤務態度および勤務成績
⑥	本人の反省の程度
⑦	その他

⑵ 弁明の機会を与える

規律違反行為・不正行為は、一般に、何らかの動機、目的、意図があって行われる。何の動機も目的も、あるいは意図もなく、そのときの気分や成り行きで規律違反をするというのは、普通は考えられない。

規律違反行為の動機・目的あるいは意図は、本人の話を聞かなければ分からない。

また、懲戒処分の内容の決定に当たっては、本人の反省の有無・程度を反映させることが望ましいが、反省の有無・程度は、本人と直接話をしなければ分からない。

このため、懲戒処分の内容を決めるに当たっては、本人に弁明の機会を与えることが望ましい。弁明の機会を設けることなく、会社の意思で一方的に処分の内容を決めるのは公正とはいえない。

⑶ 自宅謹慎の命令

懲戒処分は事実関係を確認したうえで行う必要があるが、懲戒事由の中には、事実関係の調査に相当の時間を要するものがある。

会社の金銭の着服・横領は、その代表的な事案である。着服・横領は、社内の資料だけでは解明できない。取引先や金融機関の協力がなければ、着服・横領の時期と金額を確定することはできない。

営業や経理の業務に携わる社員に着服・横領の疑惑が生じた場合に、本人の出社を認めると、本人が会社の動きを察知して隠ぺい工作をする可能性がある。会社の動きを黙ってみているということは、通常では考えられない。それどころか、着服・横領の額が増加する可能性もある。

このため、必要に応じて本人に一定期間自宅謹慎を命令する。そのうえで、精力的に事実関係を解明する。

なお、自宅謹慎は、労働基準法第26条の「使用者の責に帰すべき事由による休業」に該当する。したがって、不就業の理由で給与をカッ

161

トしたうえで、休業手当（平均賃金の100分の60）を支払うことが必要である。

(4) 役職者の監督責任

役職者は、部下の監督責任を負っている。部下が社内規律を遵守し、業務を正常に遂行することを監督する責任がある。

現実問題として、役職者が

・部下に業務の結果を報告させる

・部下が提出した業務日報・業務週報に目をとおす

・部下とのコミュニケーションを密にする

など、日常から監督責任を意識し、部下をきちんと指導監督していれば、職場の規律違反や不正は相当防げるはずである。また、かりに不正が生じても、その被害や損害を最小限に抑えることができるであろう。

役職者の監督不行届きによって部下が規律違反行為・不正行為をしたときは、その監督責任の範囲において懲戒処分に付する。

4　損害賠償

（損害賠償）

第71条　社員は、故意または重大な過失によって会社に損害を与えたときは、その損害を賠償しなければならない。

2　損害を賠償することによって、懲戒処分を免れることはできない。

【条項の作成・運用のポイント】

(1) 損害の賠償責任

社員は、会社に損害を与えることは許されない。しかし、実際には、

損害を与えることがある。

　社員は、業務で会社に損害を与えた場合はもちろんのこと、業務以外で損害を与えた場合にも、その損害を賠償する責任がある。また、会社は、損害を与えた社員に対して、その損害の賠償を請求する権利を持っている。

　この場合、不注意でコピー用紙をムダにしたり、商品にキズを付けたりしたというささいな損害まで賠償責任を負わせるとしたら、社員は安心して仕事をすることができない。

　賠償責任は、「故意または重大な過失による場合」に限定するのが現実的である。

⑵　懲戒処分の不免責

　故意または重大な過失によって会社に損害を与えることは、懲戒処分に該当する行為である。懲戒処分と賠償責任とは、次元の異なる問題である。

　このため、「損害を賠償することによって、懲戒処分を免れることはできない」ことを明確にしておく。

（まとめ）

就業規則全文

　以上において紹介した就業規則の条項を取りまとめて掲載すると、次のとおりである。

就業規則

第1章　総則

（就業規則の目的）
第1条　この規則は、○○株式会社（以下、「会社」という）の社員の労働条件と服務規律を定めたものである。
2　この規則に定めのない事項は、労働基準法その他の法令の定めるところによる。

（適用範囲）
第2条　この規則において「社員」とは、第2章に定める手続きを経て会社に採用された者をいう。

（遵守の義務）
第3条　社員は、この規則を誠実に遵守し、互いに協力してその職務を遂行しなければならない。

第2章　採用時の手続き

（労働条件の明示）

第4条　会社は、新たに採用した者に対し、就業規則を交付することにより、給与、勤務時間その他の労働条件を明示する。

（採用時の提出書類）

第5条　社員として採用された者は、採用された日から2週間以内に、次の書類を提出しなければならない。

⑴　身上調書

⑵　身元保証書

⑶　住民票記載事項証明書

⑷　マイナンバー届（個人番号カード、または通知カードの写しを添付）

⑸　年金手帳、雇用保険被保険者証その他税および社会保険に係る書類（前職のある者）

⑹　その他会社が提出を求めた書類

2　正当な理由がないのに所定期間内に書類が提出されないときは、採用を取り消すことがある。

3　提出した書類の記載事項に異動が生じたときは、速やかに届け出なければならない。

（身元保証人）

第6条　身元保証人は、日本国内に居住し、かつ、経済力のある成人でなければならない。

2　保証期間の途中において、保証人が死亡し、または保証能力を喪失し、もしくは保証契約を辞退したときは、新たな保証人を選任し、これを会社に届け出なければならない。

3　身元保証書には、保証人の住民票記載事項証明書または印鑑登録証明書を添付しなければならない。

165

（個人情報の利用）

第7条　会社は、社員から取得した個人情報を次の目的のために使用する。

　(1)　給与の決定、計算および支払い

　(2)　配置、配置転換、昇進および退職の決定

　(3)　健康管理、安全衛生および災害補償

　(4)　税金および社会保険の諸手続き

　(5)　その他人事管理、雇用管理

2　業務上の都合により、個人情報を当初の目的以外のために使用するときは、あらかじめ本人の同意を得るものとする。ただし、法令に定めがある場合は、この限りではない。

（試用期間）

第8条　試用期間は、採用の日から3か月とする。ただし、会社が必要と認めるときは、試用期間を短縮し、または3か月を限度に延長することがある。

2　試用期間中または試用期間終了時に、職務遂行能力、勤務成績、勤務態度、人柄または健康状態等から社員として不適格であると判断されるときは、解雇する。

3　試用期間は、勤続年数に通算する。

第3章　服務規律

（業務遂行上の心得）

第9条　社員は、次の事項を誠実に遵守し、業務を遂行しなければならない。

　(1)　会社の指示命令および規則を守ること

　(2)　職場の和を重視し、上司、同僚とよく協力・協調して業務を遂行すること

　(3)　指示された業務を責任をもって遂行すること

⑷ 業務の遂行において判断に迷うときは、独断専行することなく、上司の意見を求めること

⑸ 勤務時間中は、みだりに職場を離れないこと

⑹ 勤務時間中は、所定の制服を着用し、所定の場所にネームプレートを付けること

⑺ 作業の安全に努めること

⑻ 会社の設備、機械、器具および備品を私的に使用しないこと

⑼ 職場の整理整頓に努めること

⑽ 職場に私物を持ち込まないこと

⑾ 火気の取り扱いには、十分注意すること

⑿ 所定の場所以外では、喫煙しないこと

⒀ 職場において私的な会話をしないこと

⒁ 酒気を帯びて業務をしないこと。職場において、飲酒しないこと

⒂ 会社の施設内において、政治活動、市民活動その他業務に関係のない活動をしないこと

⒃ その他前各号に準ずる不都合なことをしないこと

（セクハラ・マタハラ・パワハラの禁止）

第10条　社員は、次に掲げることをしてはならない。

⑴ 他の社員に対する性的な嫌がらせ（セクハラ）

⑵ 妊娠・出産した女性社員に対する嫌がらせ（マタハラ）

⑶ 職務上の地位・関係を利用した、他の社員への嫌がらせ（パワハラ）

2　社員は、前号に定める嫌がらせ（以下、「ハラスメント」という）を受けたとき、または見たときは、会社に通報しなければならない。

3　会社は、通報を受けたときは、直ちに事実関係を調査する。調査の結果、ハラスメントが行われたことが確認されたときは、加害者の処分その他適切な措置を講じる。

（情報システム利用上の心得）

第11条　社員は、情報システムの利用について、次の事項を守らなければならない。

(1)　業務のためにのみ利用し、業務以外の目的では利用しないこと

(2)　アクセスが禁止されているファイルには、アクセスしないこと

(3)　システムを勝手に変更しないこと

(4)　システムに接続しているパソコンを社外へ持ち出さないこと。持ち出したときは、盗難、紛失に十分注意すること

2　システムが正常に作動しないとき、または、異常、不都合に気付いたときは、直ちに会社（情報システム部）へ通報しなければならない。

（出退勤の心得）

第12条　社員は、出退勤について、次の事項を守らなければならない。

(1)　始業時刻前に出勤し、始業時刻から業務を開始できるように準備すること

(2)　自らタイムカードを打刻すること

(3)　業務が終了したときは、直ちに職場を離れること

(4)　職場を離れるときは、使用した機械、器具および書類を整理整頓しておくこと

2　マイカーによる通勤は、認めない。

（入場の禁止）

第13条　社員が次のいずれかに該当するときは、職場への入場を禁止し、または退場を命令することがある。

(1)　酒気を帯びているとき

(2)　風紀を乱したとき、または乱す恐れのあるとき

(3)　危険物または有害物を所持しているとき

(4)　衛生上有害であると認められるとき

(5)　業務を妨害したとき、または妨害する恐れがあるとき

(6) その他会社が必要であると認めるとき

（欠勤、遅刻および早退）

第14条　欠勤、遅刻および早退をしてはならない。

2　欠勤、遅刻または早退をするときは、あらかじめ届け出なければ
　ならない。やむを得ない事情で事前に届け出ることができないとき
　は、事後速やかに届け出なければならない。

3　病気による欠勤が３日以上に及ぶときは、届出に医師の診断書を
　添付しなければならない。

4　公共交通機関の遅延その他、社員の責めによらない遅刻について
　は、遅刻として取り扱わないことがある。

第４章　勤務時間、休日および休暇
第１節　勤務時間、休憩および休日

（勤務時間）

第15条　勤務時間は、休憩を除き１日８時間とし、始業・終業時刻は、
　次のとおりとする。

　　　　　始業時刻　　午前８時30分
　　　　　終業時刻　　午後５時30分

2　始業時刻とは、所定の就業場所で業務を開始する時刻をいい、終
　業時刻とは、業務を終了する時刻をいう。

3　業務の都合により、始業・終業時刻を繰り上げ、または繰り下げ
　ることがある。

（休憩）

第16条　休憩は、正午から１時間とする。

2　休憩時間は、自由に利用することができる。

（休日）

第17条　休日は、次のとおりとする。

　(1)　土曜日および日曜日（法定休日は日曜日とする）

(2)　国民の祝日

　(3)　年末年始（12月29日〜1月3日）

2　業務の都合により、休日を他の日に振り替えることがある。この場合は、前日までに振り替えるべき日を指定して通知する。

第2節　時間外勤務および休日勤務

（時間外勤務）

第18条　会社は、業務上必要であるときは、労働組合との間で締結した労使協定の範囲内で、時間外勤務を命令することがある。

2　遅刻した社員については、所定勤務時間を超えて勤務した時間を時間外勤務として取り扱う。

（休日勤務）

第19条　会社は、業務上必要であるときは、労働組合との間で締結した労使協定の範囲内で、休日勤務を命令することがある。

（代休）

第20条　次に掲げる社員が請求したときは、請求した日に代休を与える。

　(1)　休日に勤務した者

　(2)　時間外勤務の時間数が8時間を超えた者

2　請求した日に代休を与えると業務の正常な運営に支障が生じるときは、他の時季に変更することがある。

（大規模災害時の特例）

第21条　地震その他の大規模な災害が発生したときは、労働基準監督署に届け出て、時間外勤務または休日勤務を命令することがある。事前に届け出ることができないときは、事後速やかに届け出る。

第3節　社外勤務の取り扱い等

（社外勤務の取り扱い）

第22条　社員が、勤務時間の全部または一部を社外における業務に従事し、勤務時間を算定し難いときは、所定勤務時間勤務したものとみなす。

2　社外での業務に従事した者が会社に戻り、終業時刻以後、報告書の作成その他の業務を行ったときは、その時間を時間外勤務として取り扱う。

（専門業務に従事する者の勤務時間の取り扱い）

第23条　次の専門業務に従事する者（以下、「専門職」という）については、労働基準法に定める専門業務型裁量労働制を適用し、労使協定において定める時間、勤務したものとする。

　⑴　新商品・新技術の開発

　⑵　情報処理システムの分析・設計

2　専門職が欠勤したとき、および遅刻・早退により、所定勤務時間勤務しなかったときは、第1項は適用しない。

（企画業務に従事する者の勤務時間の取り扱い）

第24条　次の業務に従事する者（以下、「企画職」という）については、労働基準法に定める企画業務型裁量労働制を適用し、労使委員会において決議された時間勤務したものとみなす。

　⑴　会社経営の企画、立案、調査および分析

　⑵　特定分野（営業、海外事業、商品開発、経理、財務、人事その他）の企画、立案、調査および分析の業務

2　企画職が欠勤したとき、および遅刻・早退により所定勤務時間勤務しなかったときは、第1項は適用しない。

（適用除外）

第25条　次に掲げる者には、本章に定める勤務時間、休憩および休日に関する規定は適用しない。

(1)　課長以上の役職者

(2)　役員専用車運転手

第4節　休暇

（年次有給休暇）

第26条　6か月以上継続して勤務し、かつ、所定勤務日数の8割以上
　　勤務した者には、次の区分により、有給休暇を与える。

勤続	休暇日数
6か月	10
1年6か月	11
2年6か月	12
3年6か月	14
4年6か月	16
5年6か月	18
6年6か月以上	20

2　出勤率の算定において、次の期間は、出勤したものとみなす。

(1)　業務上の傷病による休業期間

(2)　産前産後の休暇

(3)　育児休職の期間

(4)　介護休職の期間

(5)　年次有給休暇を取得した日数

3　年次有給休暇を取得するときは、その前日までに届け出なければ
　　ならない。やむを得ない事情により事前に届け出ることができない
　　ときは、事後速やかに届け出なければならない。

4　年次有給休暇は、請求された時季に与える。ただし、請求された
　　時季に与えると、業務の正常な運営に支障が生じる場合には、他の

時季に変更することがある。

5　年次有給休暇は、半日単位で取得することもできる。半日単位の年次有給休暇は、2回をもって1日とする。

6　年次有給休暇の有効期間は、付与した日から2年とする。

（年次有給休暇の時季指定付与）

第27条　年次有給休暇のうちの5日については、付与日から1年以内に、時季を指定して与える。ただし、本人の時季指定または計画的付与制度により付与した日数があるときは、その日数を控除する。

（年次有給休暇の計画的付与）

第28条　会社は、各人の年次有給休暇のうち5日を除く日数について、労働組合との間で労使協定を結び、計画的に付与することがある。

（特別休暇）

第29条　社員が次のいずれかに該当するときは、次に定める日数の特別休暇を与える。ただし、介在する休日は、休暇日数に含まれるものとする。

（1）　結婚休暇　　本人の結婚　　　　5日

　　　　　　　　　子の結婚　　　　　1日

（2）　配偶者の出産休暇　　　　　　　1日

（3）　忌引休暇

　　　①　配偶者、子、父母の死亡

　　　　　　喪主のとき　　　　　　5日

　　　　　　喪主でないとき　　　　3日

　　　②　兄弟姉妹、祖父母、配偶者の父母の死亡

　　　　　　喪主のとき　　　　　　3日

　　　　　　喪主でないとき　　　　1日

2　特別休暇を取得するときは、あらかじめ届け出なければならない。

3　特別休暇は有給とする。

173

（生理休暇）

第30条　生理日の就業が著しく困難な女性社員が請求したときは、必要な日数の休暇を与える。

2　生理休暇は、半日または時間単位で請求することもできる。

3　生理休暇は、無給とする。

（産前産後休暇）

第31条　出産する女性社員に対し、産前6週間（多胎妊娠の場合は、14週間）、産後8週間の休暇を与える。

2　産後6週間を経過し、本人が請求したときは、医師が支障がないと認めた業務に就業させることがある。

3　産前産後の休暇は、無給とする。

（通院休暇）

第32条　妊娠中の女性社員が請求したときは、母子保健法に定める保健指導または健康診断を受けるための通院休暇を与える。

2　通院休暇は、半日または時間単位で請求することができる。

3　通院休暇は、無給とする。

（公民権の行使）

第33条　社員は、勤務時間中に、公民としての権利を行使し、または公の職務（裁判員候補者および裁判員としての職務を含む）を執行するときは、あらかじめ届け出なければならない。

2　会社は、業務上必要であるときは、前項の権利の行使または公の職務の執行に支障のない範囲において、その時刻を変更することがある。

3　第1項に定める時間は、無給とする。

第5章　育児および介護

第1節　育児休職等

（育児休職）

第34条　子を養育する社員は、育児休職をすることができる。

2　休職の期間は、子が1歳（特別な事情のある場合は2歳）に達する日（誕生日の前日）までの間で、本人が申し出た期間とする。

3　休職するときは、開始日の1か月前までに書面で申し出なければならない。

4　会社は、申出書を受け取るに当たり、必要最小限の範囲で証明書の提出を求めることがある。

5　休職は、無給とする。

6　退職金の計算において、休職期間は、勤続年数には通算しない。

7　社会保険の被保険者資格は、休職中も継続する。

8　復職するときは、休職終了予定日の10日前までに復職届を提出しなければならない。

（育児のための短時間勤務）

第35条　3歳未満の子を養育する社員で、育児休職をしていない者は、次のいずれかを選択して勤務することができる。

⑴　始業・午前10時、終業・午後5時（休憩・正午から1時間）（6時間勤務）

⑵　始業・午前9時、終業・午後5時（休憩・正午から1時間）（7時間勤務）

2　短時間勤務の期間は、1回につき、1か月以上1年以内の連続した期間とする。

3　短時間勤務をするときは、開始日の1か月前までに書面で申し出なければならない。

4　会社は、申出書を受け取るに当たり、必要最小限の範囲で証明書の提出を求めることがある。

5　短時間勤務制度は、子一人につき2回以上利用することができる。

6　短時間勤務期間の給与は、次による。

　　給与＝給与×本人の勤務時間／8時間

7　退職金の算定においては、短縮した勤務時間数を合計し、所定勤務日数に換算したうえで、勤続年数から差し引くものとする。

（看護休暇）

第36条　小学校入学前の子を養育する社員は、その子を看護するための休暇（以下、単に「看護休暇」という）を取得することができる。

2　看護休暇の日数は、1年度（4月1日〜翌年3月31日）につき5日（子が2人以上の場合は、10日）を限度とする。

3　看護休暇は、1日単位または半日単位で取得するものとする。

4　看護休暇を取得するときは、あらかじめ届け出なければならない。やむを得ない事情により事前に届け出ることができないときは、事後速やかに届け出なければならない。

5　看護休暇は、無給とする。

（育児のための時間外勤務の制限）

第37条　小学校入学前の子を養育する社員は、時間外勤務の制限を請求できる。

2　会社は、請求があったときは、1か月24時間、1年150時間を超えて時間外勤務を命令しない。ただし、事業の正常な運営を妨げる場合は、この限りではない。

3　時間外勤務の制限を請求できる期間は、1回につき、1か月以上1年以内とする。

4　請求は、開始日の1か月前までに行わなければならない。

5　請求は、2回以上行うことができる。

第2節　介護休職等

（介護休職）

第38条　要介護状態にある家族を有する社員は、介護休職をすること
　　ができる。

2　休職期間は、家族1人につき通算93日の範囲で、社員が申し出た
　　期間とする。

3　休職の申出は、家族1人につき3回までとする。

4　休職するときは、開始日の2週間前までに書面で申し出なければ
　　ならない。

5　会社は、休職申出書を受け取るに当たり、必要最小限の範囲で証
　　明書の提出を求めることがある。

6　休職は、無給とする。

7　退職金の算定において、休職期間は、勤続年数に算入しない。

8　社会保険の被保険者資格は、休職期間中も継続する。

（介護のための短時間勤務）

第39条　要介護状態にある家族を介護する社員で、介護休職をしてい
　　ない者は、次のいずれかによって勤務することができる。

　⑴　始業・午前10時、終業・午後5時（休憩・正午から1時間）
　　　（6時間勤務）

　⑵　始業・午前9時、終業・午後5時（休憩・正午から1時間）
　　　（7時間勤務）

2　短時間勤務は、家族1人につき、利用開始日から3年の間で2回
　　以上利用することができる。

3　短時間勤務をするときは、開始日の2週間前までに書面で申し出
　　なければならない。

4　会社は、申出書を受け取るに当たり、必要最小限の範囲で証明書
　　の提出を求めることがある。

5　短時間勤務期間の給与は、次による。

　　給与＝給与×本人の勤務時間／８時間

6　退職金の算定においては、短縮した勤務時間数を合計し、所定勤
　務日数に換算したうえで、勤続年数から差し引くものとする。

（介護休暇）

第40条　要介護状態にある家族を介護する社員は、その家族を介護ま
　たは世話をするための休暇（以下、単に「介護休暇」という）を取
　得することができる。

2　介護休暇の日数は、１年度（４月１日～翌年３月31日）につき５
　日（要介護家族が２人以上の場合は、10日）を限度とする。

3　介護休暇は、１日単位または半日単位で取得するものとする。

4　介護休暇を取得するときは、あらかじめ届け出なければならな
　い。やむを得ない事情により事前に届け出ることができないとき
　は、事後速やかに届け出なければならない。

5　介護休暇は、無給とする。

（介護のための時間外勤務の制限）

第41条　要介護状態にある家族を介護する社員は、時間外勤務の制限
　を請求できる。

2　会社は、請求があったときは、１か月24時間、１年150時間を超
　えて時間外勤務を命令しない。ただし、事業の正常な運営を妨げる
　場合は、この限りではない。

3　時間外勤務の制限を請求できる期間は、１回につき、１か月以上
　１年以内とする。

4　請求は、開始日の１か月前までに行わなければならない。

5　請求は、２回以上行うことができる。

第6章　給与および退職金

（給与）

第42条　給与については、別に定める。

（退職金）

第43条　退職金については、別に定める。

第7章　異動、休職、退職および解雇

（異動）

第44条　会社は、業務上必要であるときは、業務、職場または勤務地の変更を命令することがある。

2　異動を命令されたときは、事業所内の異動の場合は2日以内、他の事業所への異動の場合は3日以内（ただし、住居の移転を必要とする事業所への異動の場合は2週間以内）に異動しなければならない。この期間内に異動できないときは、あらかじめ会社に届け出なければならない。

3　住居の移転を必要とする事業所への異動の場合、家族を有する者は、家族を帯同して赴任しなければならない。やむを得ない事情により単身で赴任するときは、あらかじめ会社に届け出なければならない。

（出向）

第45条　会社は、業務上必要であるときは、関連会社への出向を命令することがある。

（休職）

第46条　社員が次のいずれかに該当するときは、休職とする。

　(1)　業務外の傷病により、欠勤が30日に及んだとき

　(2)　自己の都合により、欠勤が30日に及んだとき

　(3)　公職に就任し、勤務ができなくなったとき

　(4)　刑事事件に関与して起訴され、相当の期間勤務ができなくなっ

179

たとき

(5) 前各号のほか、特別の事由があり、休職させることが適当であると認められるとき

2 休職するときは、あらかじめ会社に届け出なければならない。

3 業務外の傷病により欠勤した者が出勤し、再び同一または類似の事由により欠勤した場合、その出勤期間が30日に達しないときは、前後の欠勤は連続するものとみなす。

4 業務外の傷病により欠勤するときは、医師の診断書を提出しなければならない。

(休職期間)

第47条 休職期間は、休職事由および勤続年数の区分により、次のとおりとする。

(1) 前条第1号の場合

勤続年数	休職期間
6か月未満	6か月
6か月以上1年未満	1年
1年以上3年未満	1年6か月
3年以上	2年

(2) 同第2号の場合　　　30日

(3) 同第3、4、5号の場合　　　会社が必要と認めた期間

2 前項の休職期間満了前に出勤し、再び同一または類似の事由により欠勤した場合は、前条第3項の規定に準じて取り扱う。

3 休職期間が満了したとき、または休職の事由が消滅したときは、復職する。

4 業務外の傷病により休職した者が復職するときは、医師の診断書を提出しなければならない。

5 業務外の傷病により休職して復職する者が希望するときは、1か月を限度として、勤務時間を短縮して勤務することを認める。

6　休職期間は、勤続年数に通算しない。

（退職）

第48条　社員が次のいずれかに該当するときは、その日をもって退職とし、社員としての身分を失う。

⑴　自己の都合により退職願を提出し、会社が承認したとき、または退職願提出後14日を経過したとき

⑵　死亡したとき

⑶　定年に達したとき

⑷　期間を定めて雇用された者が雇用期間を満了したとき

⑸　休職期間が満了し、復職できないとき、または復職しないとき

2　退職する者から請求のあったときは、退職の理由を記載した証明書を交付する。

（自己都合退職）

第49条　自己の都合で退職するときは、原則として1か月以上前、少なくとも14日前までに退職願を提出しなければならない。

2　退職願を提出した者は、退職日まで誠実に勤務し、かつ、業務の引継ぎを行わなければならない。

3　会社から貸与された金品があるときは、退職日までに返還しなければならない。

4　会社は、必要に応じて、退職者に対し、退職後の再就職および営業秘密の保持に係る誓約書の提出を求めることがある。

（定年）

第50条　定年は60歳とする。

2　退職日は、定年に到達した月の末日とする。

（定年後の再雇用）

第51条　定年に到達した者が希望するときは、嘱託として再雇用する。再雇用契約は1年ごとに行い、最高雇用年齢は65歳とする。

2　前項の規定にかかわらず、業績が不振で雇用が過剰であるとき

は、再雇用を行わないことがある。

（普通解雇）

第52条　社員が次のいずれかに該当するときは、解雇することがある。

(1)　精神または身体の虚弱、障害により、業務に耐えられないと認められるとき

(2)　能率または勤務状態が著しく不良で、就業に適さないと認められるとき

(3)　服務規律違反その他会社の秩序を乱す行為のあったとき

(4)　業務上やむを得ない事情により、業務の運営が困難になったとき

(5)　その他前各号に準ずるやむを得ない事情のあったとき

2　解雇するときは、次に掲げる者を除き、30日前に予告し、または平均賃金の30日分に相当する予告手当を支払う。この場合において、予告の日数は、平均賃金を支払った日数だけ短縮することがある。

(1)　2か月以内の期間を定めて雇用した者

(2)　試用期間中であって、採用後14日以内の者

(3)　懲戒解雇され、労働基準監督署の認定を受けた者

(4)　非常災害等の事由により、事業の継続が困難となった場合で、労働基準監督署の認定を受けたとき

（解雇制限）

第53条　社員が次のいずれかに該当するときは、解雇しない。ただし、第1号の場合において、療養開始から3年を経過しても傷病が治らないで、会社が打切補償を支払ったときは、この限りでない。

(1)　業務上の傷病にかかり療養のために休業する期間およびその後30日間

(2)　産前産後の女性社員が休業する期間およびその後30日間

第8章　安全衛生

（安全上の遵守事項）

第54条　社員は、職場の安全の確保と災害の防止のため、次の事項を遵守しなければならない。

⑴　常に職場の整理整頓に努めること

⑵　通路、非常用出口、消火設備設置個所を確認し、そこに物品を置かないこと

⑶　危険または有害のおそれのある作業に従事するときは、所定の保護用具を着用すること

⑷　作業の前後には、機械設備の点検を行うこと。点検の結果、異常または故障に気付いたときは、直ちに安全管理者に通報し、その指示に従うこと

⑸　機械設備の始動、操作および停止については、定められた手順および方法を遵守すること

⑹　受け持ちの機械設備以外の機械設備は、安全管理者に無断で操作しないこと

⑺　受け持ちの機械設備が稼働中は、その場を離れないこと。やむを得ずその場を離れるときは、上司の許可を得ること。

⑻　定められた場所以外では、火気を使用し、または喫煙しないこと

⑼　火災その他の非常災害を発見したとき、または予知したときは、臨機の措置を講ずるとともに、直ちに安全管理者に通報すること

⑽　危険物および有害物を職場に持ち込まないこと。

⑾　体調がすぐれないときは、作業を控えること。

（安全教育等の受講義務）

第55条　社員は、会社が実施する次の教育訓練を受講しなければならない。

(1)　作業の安全についての教育訓練

(2)　消火および避難の訓練

（保健衛生）

第56条　社員は、職場の保健衛生について会社の指示命令を遵守しなければならない。

（健康診断）

第57条　会社は、社員に対して、定期的に健康診断を実施する。

（就業制限措置）

第58条　会社は、健康診断の結果、医師から社員の健康を保持するために必要であると診断されたときは、次のいずれかの措置を講ずる。

(1)　所定勤務時間の短縮

(2)　時間外勤務の制限

(3)　休日勤務の制限

(4)　仕事の量の減少

(5)　他の作業への転換

(6)　作業場所の変更

(7)　休職

(8)　その他

第9章　災害補償

（災害補償）

第59条　社員が業務において負傷し、疾病にかかり、または死亡したときは、労働基準法の定めるところにより、次の補償を行う。

(1)　療養補償　　治療に必要な医療費（治療費、通院費、入院費、看護料等）の補償

(2)　休業補償　　療養のために休業するときは、1日につき平均賃金の100分の60を補償

(3)　傷害補償　　負傷、疾病が治っても身体に障害が残る場合は、

その程度に応じて、法律で定める等級により、平均賃金の50日分
　　以上1,340日分以下を補償
　⑷　遺族補償　　死亡したときは、遺族に対して平均賃金の1,000
　　日分を補償
　⑸　葬祭料　　葬儀を行うときは、平均賃金の60日分を補償
2　災害が業務によるものであるかどうかは、労働基準監督署の認定
　によるものとする。
（補償の打ち切り）
第60条　会社は、業務上の負傷または疾病が療養開始後3年を経過し
　ても治らないときは、平均賃金の1,200日分を支払い、その後は補
　償を打ち切ることがある。
（補償の例外）
第61条　会社は、業務上の負傷または疾病が社員の重大な過失による
　もので、その過失について労働基準監督署の認定を受けたときは、
　休業補償および障害補償を行わないことがある。

第10章　表彰および懲戒

（表彰）
第62条　社員が次のいずれかに該当するときは、表彰する。
　⑴　業務上有益な発明、工夫、改良または考案のあったとき
　⑵　災害を未然に防止したとき、または災害の際特に功労のあった
　　とき
　⑶　永年誠実に勤務したとき
　⑷　社会的善行により会社の信用と名誉を高めたとき
　⑸　その他前各号に準ずる行為または功労のあったとき
2　表彰は、賞状を授与し、副賞として記念品または金一封を贈るこ
　とによって行う。

185

（懲戒）

第63条　社員が次のいずれかに該当するときは、次条に定めるところにより懲戒を行う。

(1)　正当な理由がないのに、遅刻、早退、欠勤または職場離脱を繰り返したとき

(2)　業務上の指示命令に従わないとき

(3)　会社の規則・規程を守らないとき

(4)　会社の機械設備、パソコン、器具、備品を私的に使用したとき

(5)　故意または重大な過失により、会社の機械設備、パソコン、器具、備品を損壊したとき

(6)　会社の許可を得ることなく、会社の物品または重要書類を社外に持ち出したとき、

(7)　会社の金品を盗んだとき、または着服、横領したとき

(8)　他の社員に対し、セクハラ、マタハラまたはパワハラをしたとき

(9)　会社内で暴言、暴行、脅迫またはこれらに類する行為をしたとき

(10)　会社内で許可なく集会を開いたとき、または文書を配布・掲示したとき

(11)　故意に会社の業務を妨害したとき

(12)　職務上の地位または権限を利用して、不当に個人的利益を得たとき

(13)　会社の信用と名誉を傷つける言動のあったとき

(14)　会社の営業上の秘密を他に漏らしたとき

(15)　アクセスが禁止されているファイルにアクセスしたとき

(16)　社内情報システムの正常な作動を妨げたとき

(17)　故意または重大な過失により、会社に損害を与えたとき

(18)　会社の許可を得ることなく、他に雇い入れられたとき、または

事業を営んだとき

⒆　採用条件に関係のある重要な事項を詐称して採用されたとき

⒇　刑法その他の法律に違反する行為をしたとき

㉑　部下の管理監督、業務指導または必要な指示命令を怠ったとき

㉒　その他前各号に準ずる不都合な行為のあったとき

（懲戒の種類）

第64条　懲戒は、その情状により、次の区分に従う。

⑴　訓戒　　始末書を取り、将来を戒める。

⑵　減給　　始末書を取り、１回の額が基準内給与の１日分の半
　　額、総額が基準内給与の１か月分の10分の１の範囲内で減額する。

⑶　出勤停止　　始末書を取り、10勤務日以内で出勤を停止する。
　　その期間の給与は支払わない。

⑷　降格・降職　　資格等級を下位へ降格させ、または役職を下位
　　へ降職させる。

⑸　懲戒解雇　　予告期間を設けることなく、即時に解雇する。労
　　働基準監督署の認定を受けたときは、予告手当を支払わない。

（懲戒の決定基準）

第65条　懲戒処分の種類・内容は、服務規律違反の内容、故意または
　　過失の程度、業務への影響の程度、違反行為の動機、本人のこれま
　　での勤務態度および勤務成績ならびに反省の程度等を総合的に考慮
　　して決定する。

（自宅謹慎）

第66条　事実関係の調査のために必要であるときは、懲戒行為をした
　　者に対して、処分が決定されるまでの間、自宅謹慎を命令すること
　　がある。

（懲戒の軽減）

第67条　懲戒行為をした者が次のいずれかに該当するときは、懲戒を
　　軽減し、または免除することがある。

(1)　情状酌量の余地があるとき

　(2)　改悛の情が明らかに認められるとき

（教唆・手助けの懲戒）

第68条　社員が他の社員を教唆し、または手助けをして懲戒行為をさ
　せたときは、懲戒行為をした者に準じて懲戒処分を行う。

（懲戒の加重）

第69条　懲戒行為をした者が次のいずれかに該当するときは、懲戒を
　加重する。

　(1)　前回の懲戒処分から１年を経過していないとき

　(2)　同時に２つ以上の懲戒行為をしたとき

（役職者の監督責任）

第70条　役職者の監督不行届きにより部下が懲戒行為をしたときは、
　その監督責任の範囲において役職者を懲戒処分に付することがある。

（損害賠償）

第71条　社員は、故意または重大な過失によって会社に損害を与えた
　ときは、その損害を賠償しなければならない。

２　損害を賠償することによって、懲戒処分を免れることはできない。

（付則）

　この就業規則は、○○年○○月○○日から施行する。

第2部
給与規程

第1章　総則
第2章　基本給
第3章　諸手当
第4章　所定外給与
第5章　昇給
第6章　不就業の取り扱い
第7章　賞与

第1章

総　則

1　規程の目的

> （目的）
> 第1条　この規程は、就業規則第42条に基づき、社員の給与について定める。
> 2　給与についてこの規程に定めのない事項は、労働基準法その他の法令の定めるところによる。

【条項の作成・運用のポイント】

(1)　給与とは

　労働基準法は、賃金（給与）について、「賃金、給料、手当、賞与その他名称のいかんを問わず、労働の対償として使用者が労働者に支払うすべてのもの」と定義している（第11条）。

　社員は、会社に対して労務を提供する。会社は、その対価として金銭を支払う。それが「給与」（賃金）である。

　次に掲げるものは、労働の対価として支払われるものではない。したがって、給与規程において取り扱う必要はない。

図表1－1　給与ではないもの

①	福利厚生として支払われる「慶弔見舞金」
②	出張したときに支払われる「出張旅費」（交通費、日当、宿泊費などの出張旅費は、実費を弁償するもので、労働の対価ではない）
③	社員所有の物品（自動車、携帯電話、パソコン等）を業務で使用した場合に、その実費を弁償する目的で支払われる「マイカー業務使用手当」「個人携帯電話業務使用手当」「個人パソコン業務使用手当」等
④	役職者や営業社員等に支払われる「交際費」「接待費」

(2)　給与規程の内容

給与規程に記載すべき事項は、

　・給与の決定、計算および支払いの方法

　・給与の締め切り、支払いの時期

　・昇給

である。

賞与を定期的に支給している会社は、支給時期、支給対象者、支給基準などを記載する（労働基準法第89条）。

2　給与の構成

（給与の構成）

第2条　給与は、基本給と諸手当をもって構成する。

【条項の作成・運用のポイント】

(1)　所定内給与と所定外給与

給与は、通常、所定内給与（基準内給与）と所定外給与（基準外給

与）とから構成される。

　所定内給与は、就業規則で定められた通常の勤務に対して、安定的・固定的に支払われるものである。月によって大きく変動するということはない。

　これに対して、所定外給与は、時間外勤務や休日勤務などに対して支払われるものをいう。月によって変動することが多い。

⑵　所定内給与の構成

　所定内給与は、一般に、

　　・基本的な部分である「基本給」

　　・一定の要件に該当する者に限って支払われる「諸手当」

とから構成される。

　基本給と諸手当との割合について、法律上の規制は特にない。諸手当は、一定の要件に該当する者に限って支払われるものであるから、その割合が大きいと、給与が社員によって相当異なることになる。同じ会社に勤務しているにもかかわらず、給与が社員によって相当の差があるというのは、勤労意欲の維持・向上という観点から見て好ましいものではない。

　社員全体を平均した場合に、所定内給与の割合は、基本給70～80％程度、諸手当20～30％程度とするのが適切であろう。

3　給与の形態

（給与の形態）

第3条　給与は、月額をもって定める日給月給制または月給制とする。

2　日給月給制は、技能職および一般職に適用し、欠勤、遅刻、早退または私用外出等の不就業があったときは、不就業分を控

除する。

3 月給制は、総合職および管理職に適用し、欠勤、遅刻、早退
または私用外出等の不就業分について控除しない。

【条項の作成・運用のポイント】

(1) 給与の形態

給与の形態には、時間給制、日給制、日給月給制、月給制および年
俸制などがある。

図表1－2 給与の形態

時間給制	「1時間○○円」というように、時間を単位として決めるもの
日給制	「1日○○円」というように、1日を単位として決めるもの
日給月給制	「1か月○○万円」というように、月を単位として決めるもの。欠勤・遅刻・早退等の不就業があったときは、その分を差し引く
月給制	「1か月○○万円」というように、月を単位として決めるもの。欠勤・遅刻・早退等の不就業について、給与を差し引かない
年俸制	「1年○○○万円」という形で、賞与を含めた年間の給与を決めるもの

(2) 給与形態と適用範囲

正社員の給与形態については、

・すべての正社員に同一の形態を適用する

・職種、職掌あるいは地位ごとに形態を決める

の2つがある。

日給月給制と月給制の違いは、「欠勤・遅刻等の不就業について、
給与をカットするかしないか」である。この点を勘案して、給与形態

194

を決定すべきである。

4 給与の支払い

> （計算期間・支払日）
> 第4条　給与の計算期間は、前月21日から当月20日までとし、毎
> 　　月25日に支払う。当日が休日のときは、その前日に支払う。
> （支払い方法）
> 第5条　給与は、本人の同意を得て口座振り込みによって支払う。
> （控除）
> 第6条　給与の支払いに当たり、次のものを控除する。
> 　⑴　社会保険の保険料の本人負担分
> 　⑵　所得税、住民税
> 　⑶　労働組合と協定したもの
> （非常時払い）
> 第7条　結婚、出産、疾病、災害その他会社が必要と認めた非常
> 　　の場合には、社員の請求により、既往の勤務に対する給与を支
> 　　払う。

【条項の作成・運用のポイント】

⑴　**労働基準法の給与支払い5原則**

　給与は、社員の生活を支える重要なものである。その支払い間隔が
長かったり、あるいは支払日が一定していないと、社員は安定した生
活ができない。

　労働基準法は、給与支払いの重要性に配慮し、「給与は、毎月1回
以上支払わなければならない」など、5つの原則を定めている（第24
条）。給与の支払い条項を作成するときは、この5原則を遵守するこ
とが必要である。

図表 1 - 3　給与支払いの 5 原則

①	給与は、通貨で支払わなければならない。
②	給与は、労働者に直接支払わなければならない。
③	給与は、その全額を支払わなければならない。
④	給与は、毎月 1 回以上支払わなければならない。
⑤	給与は、一定の期日を定めて支払わなければならない。

（注）労働基準法第24条による。

⑵　口座振り込みの条件

　労働基準法は、「給与は、通貨で支払わなければならない」と定めている。しかし、会社の立場からすると、通貨払いは、「手間がかかる」「金額についてミスを犯す可能性がある」などの問題がある。会社としては、口座振り込みのほうが便利である。口座振り込みは、

①　手間がかからない

②　金額のミスを防げる

③　社員に確実に支払える

④　金融機関との結びつきを強化できる

などのメリットがある。

　労働基準法は、口座払いについて、次の 3 つの条件を定めている。

図表 1 - 4　口座払いの 3 条件

1	本人の申出または同意	○申出または同意事項 ①　口座振込を希望する給与の範囲と金額 ②　金融機関店舗名、預金の種類、口座番号 ③　開始希望時期
2	労使協定の締結	○協定する事項 ①　労働者の範囲 ②　対象となる給与の範囲と金額 ③　取扱金融機関の範囲 ④　口座振込み開始時期

3　支払日における社員へ 　の通知	○通知事項 ①　基本給、手当等、種類ごとの金額 ②　税、社会保険料等、控除した項目と金額 ③　口座振込みをした金額

⑶　給与からの控除

　労働基準法は、給与の全額の支払いを規定しているが、

　・所得税、住民税

　・社会保険料の社員負担分

については、控除することが認められている。

　これら以外のもの（例えば、共済費、社内預金積立金等）の控除については、労働組合（労働組合がないときは、社員の代表者）との間で協定を結ぶことが必要である。

⑷　非常時払い

　労働基準法は、「使用者は、労働者が出産、疾病、災害その他、非常の場合の費用に充てるために請求する場合においては、支払期日前であっても、既往の労働に対する給与を支払わなければならない」と定めている（第25条）。

　これを踏まえて、給与規程に非常時払いの条項を記載する。

5　日割計算および時間割計算

（日割・時間割計算）

第8条　給与の日割計算および時間割計算は、次の算式による。

　　　　日割計算＝所定内給与（通勤手当を除く）／1か月平均

　　　　　　　　　所定勤務日数

　　　　1か月平均所定勤務日数＝（365日－年間所定休日数）／12

　　　　時間割計算＝日割り計算額／1日の所定勤務時間数

【条項の作成・運用のポイント】

(1) 日割・時間割計算の必要性

給与については、1日当たり、あるいは1時間当たりの金額を算定する必要が生じる場合がある。例えば、次のような場合である。

・欠勤、遅刻、早退あるいは私用外出等による給与控除
・給与計算期間の途中で採用、あるいは退職する者の給与の取り扱い
・給与計算期間の途中で休職、あるいは復職する者の給与の取り扱い

このため、日割計算および時間割計算の算出方法を明確にしておく。

(2) 日割計算の方法

日割計算は、次の算式で行うのが合理的である。

日割計算＝所定内給与／1か月平均所定勤務日数

1か月平均所定勤務日数＝（365－年間所定休日数）／12

例えば、週休日、国民の祝日、年末年始休日などで、年間の休日が125日であるとする。この場合、1か月平均の所定勤務日数は、次のように計算される。

1か月平均所定勤務日数➡（365－125）／12＝20

したがって、所定内給与が25万円の社員の日割計算は、次のようになる。

日割給与➡250,000/20＝12,500円

(3) 時間割計算の方法

時間割計算は、次の算式で行うのが合理的である。

時間割計算＝日割給与／1日の所定勤務時間数

例えば、1日の所定勤務時間が8時間の場合、日割給与が12,500円

の社員の時間割給与は、次のようになる。

時間割給与➡12,500/8＝1,562.5円

6　平均賃金

（平均賃金）

第9条　平均賃金は、次の算式によって計算した額とする。

平均賃金＝直前の給与締切日から起算した過去3か月間
の給与総額／その3か月間の総日数

2　前項の計算において、給与総額には賞与は含めないものとする。

3　採用後3か月に満たない者については、平均賃金は、採用後の期間について算出する。

【条項の作成・運用のポイント】

⑴　**労働基準法の規定**

労働基準法は、次の場合に平均賃金を使用することを定めている。このため、平均賃金の算出方法を明確にしておく。

図表1－5　平均賃金を使用する事例

①　使用者の責で休業する場合に支払う休業手当（第26条）
②　業務上の傷病・死亡に対する災害補償（第76～81条）
③　解雇予告手当（第20条）
④　減給制裁（第91条）

⑵　**平均賃金の算出方法**

平均賃金は、支給すべき事由が発生した直前の給与締切日からさか

199

のぼって３か月間に支払われた給与の総額を、その３か月間の暦上の総日数で割ったものをいう。

給与総額とは、文字通り給与の総額をいう。基本給はもとより、諸手当も時間外勤務手当も通勤手当も含む。ただし、賞与は含まない。

例えば、支払われた給与の額が次のとおりであるとする。

５月	301,560円
６月	329,660円
７月	298,732円
合計	929,952円

一方、暦上の日数は、５月が31日、６月が30日、７月が31日、合計92日である。

したがって、平均賃金は、次のように計算される。

平均賃金➡929,952円／92＝10,108円

なお、採用後３か月に満たない者については、平均賃金は、採用後の期間について算出する。

第2章

基本給

1 基本給

> （基本給）
> 第10条　基本給は、本人の職務、職務遂行能力、勤務成績、勤務態度、年齢、勤続年数および学歴等を総合的に評価して決定する。

【条項の作成・運用のポイント】

(1) 総合給方式

基本給は、給与の中心部分を形成するものである。基本給の決め方には、図表に示すようにさまざまなものがある。

図表2-1　基本給の決め方

総合給方式	職務の内容、職務遂行能力、勤務成績、勤務態度、年齢、勤続年数、職務経験年数、学歴などを総合的に判断して基本給を決めるもの
職務給方式	職務遂行の難易度、責任の重さを判断して決めるもの

職能給（能力給）方式	職務遂行能力のレベルに応じて決めるもの。能力のレベルに応じて、社員1級、社員2級、社員3級・・・というように資格等級を設定し、資格等級ごとに基本給を決めることが多い
業績給（成果給）方式	前年度の業務成績（目標の達成度・会社業績への貢献度）を評価し、その評価に応じて基本給を決めるもの
役割給方式	職務上の役割（職務を習得する役割、独力で職務を遂行する役割、係員を指揮命令して業務を遂行する役割・・・）に応じて決めるもの
年齢給方式	年齢に応じて基本給を決めるもの
勤続給方式	勤続年数に応じて決めるもの

（注）これらのうちの1つ、あるいは2つ以上をもって基本給を構成する。

(2) 総合給方式のメリットと問題点

総合給方式は、

・さまざまな要素を織り込んで基本給を決めることができる

・基本給の決定について、会社の裁量性が大きい

・柔軟に運用できる

というメリットがある。このため、総合給方式を採用している会社が多い。

しかし、その反面、

・給与の決め方が不透明である

・運用が年功的になりやすい

・社員の中高年齢化に伴って、給与の支払額が増加する

などの問題点が指摘されている。

第3章

諸 手 当

1　生活補助手当

(家族手当)

第11条　扶養家族のある者に対して、次の区分により家族手当を支給する。

(1)　配偶者　　　15,000円

(2)　第一子　　　5,000円

(3)　第二子　　　4,000円

(4)　第三子以下（一人につき）　3,000円

2　扶養家族とは、社員の収入によって生計を維持している者をいう。

3　子は18歳未満の者とする。

(住宅手当)

第12条　世帯主の社員に対して、次の区分により住宅手当を支給する。

(1)　借家居住者

　　　　扶養家族のある者　　　20,000円

　　　　扶養家族のない者　　　10,000円

203

(2) 持家居住者

扶養家族のある者　　10,000円

扶養家族のない者　　　5,000円

【条項の作成・運用のポイント】

(1)　手当の目的

　給与は、「労働の対価」と「生活の保障」という2つの性格を持っている。所定内給与の柱である基本給で、これら2つの性格を完全に満たすことができればそれに越したことはない。しかし、実務的にそれは困難である。

　そこで、基本給とは別に一定の金銭を支給し、給与の支給目的を達成することが考えられる。基本給を補完する形で、追加的に支給されるものが手当である。

(2)　手当の種類

　手当は、大きく、

　・生活を補助する目的で支給されるもの

　・職務の内容に応じて支給されるもの

　・通常とは異なる勤務条件に配慮して支給されるもの

　・出勤率を高める目的で支給されるもの

　・通勤に必要な費用をカバーするために支給されるもの

などに区分される。

　主な手当の種類を示すと、図表のとおりである。

図表3-1　手当の種類と支給条件

名称	支給条件・支給目的
家族手当	扶養家族のある者

住宅手当	住宅費用を補助すること
食事手当	食事費用を補助すること
地域手当	大都市や僻地など、特定の地域に勤務する者
寒冷地手当	寒冷地に勤務する者に暖房用燃料費を補助すること
別居手当	単身赴任者の生活費を補助すること
教育手当	子の教育費を補助すること
通勤手当	通勤費を補助すること
役付手当	管理、監督の地位に就いている者
技能手当	特定の技能、資格を有する者（ボイラー、クレーン運転等）
特殊作業手当	特殊な作業（危険作業、高熱作業、低温作業、騒音作業等）に従事する者
自動車運転手当	業務で自動車を運転する者
特殊勤務手当	特殊な条件（交替勤務、単独勤務等）で業務を遂行する者
営業手当	外勤、セールスに従事している者
専門業務手当	専門的知識を必要とする業務に従事している者
企画業務手当	経営計画の立案・策定に従事している者
応援手当	他の事業所に一時的・臨時的に応援派遣されている者
出向手当	子会社、関連会社等に出向している者
呼出手当	休日や夜間に業務の都合で呼び出された者
宿日直手当	宿直、日直を行った者
年末年始手当	年末年始に勤務する者
繁忙手当	繁忙時の勤労意欲の向上を図ること
精皆勤手当	一定期間、欠勤・遅刻・早退等がゼロまたは僅少であった者
業績手当	業務において一定以上の成績を達成した者
調整手当	特別の事情で生じた給与のアンバランスを是正、解消すること

⑶　手当の見直し

　どのような手当を支給するかは、各社の自由である。所定内給与は、基本給のみで、手当はいっさい支給していないという会社は稀であろう。

　手当は、いったん支給が始まると、特別の事情がない限り半永久的に支給され続けるという性格がある。会社としては、数年に一度の割合で、現に支給している手当の必要性を見直すことが望ましい。

⑷　家族手当

　家族手当は、扶養家族を持つ者に支給される手当である。

　家族手当を支給する場合には、その支給対象となる扶養家族の範囲を明確にすることが必要である。扶養家族の範囲については、

　　・配偶者と子のみとする

　　・配偶者と子の他に、弟妹と親（実父母・養父母）を加える

などがある。

　家族手当の決め方には、主として、

　　・配偶者、子、弟妹、親等の別に決める

　　・配偶者のみ特定し、その他は扶養人員順に決める

　　・扶養人員順に決める

などがある。

図表３－２　家族手当の決め方（月額）

	例
配偶者、子、親等の別に決める	配偶者　　　15,000円 子（一人につき）　　4,500円 親（一人につき）　　3,000円
配偶者のみ特定し、その他は扶養人員順に決める	配偶者　15,000円 第一子　5,000円 第二子　4,000円 第三子以下（一人につき）　3,000円

扶養人員順に決める	第一扶養　15,000円 第二扶養　4,000円 第三扶養　3,500円 第四扶養以下（一人につき）　3,000円
扶養人員ごとに決める	1人の場合　10,000円 2人の場合　16,000円 3人の場合　21,000円 4人の場合　25,000円 5人の場合　28,000円

(5)　住宅手当

　住宅手当は、住宅にかかわる経費を補助し、社員の生活の安定に資するために支給されるものである。

　住宅手当の決め方は、

- ・世帯構成、住居形態、地域・都市等の要素のうち、いずれか1つを基準として決める
- ・2つ以上の要素を組み合わせて決める
- ・一律に同金額を支給する

の3つがある。

図表3－3　住宅手当の決め方（月額）

世帯構成基準方式	・扶養家族のある世帯主　20,000円 ・扶養家族のない世帯主　10,000円
住居形態基準方式	・借家・借間居住者　25,000円 ・持家居住者には支給せず
世帯構成・住居形態基準方式	・配偶者または扶養家族を有する世帯主 　　賃貸住宅　20,000円 　　持家　10,000円 ・配偶者・扶養家族を有しない世帯主 　　賃貸住宅　10,000円 　　持家　5,000円

世帯構成・地域基準方式	・世帯主 　東京地区　18,000円 　東京以外　9,000円 ・非世帯主 　東京地区　6,000円 　東京以外　3,000円
一律方式	一律16,500円。ただし、親元同居者は除く

2　職務手当

（営業手当）

第13条　営業業務に携わる者に対して、営業手当を支給する。

　　　　（営業手当）本人の時間外勤務手当○○時間分に相当する額

（専門業務手当）

第14条　専門業務に携わる者に対して、専門業務手当を支給する。

　　　　（専門業務手当）本人の時間外勤務手当○○時間分に相当する額

（企画業務手当）

第15条　企画業務に携わる者に対して、企画業務手当を支給する。

　　　　（企画業務手当）本人の時間外勤務手当○○時間分に相当する額

（役付手当）

第16条　役職者に対して、次の区分により役付手当を支給する。

　⑴　部長　　80,000円

　⑵　課長　　40,000円

　⑶　係長　　20,000円

2　2つ以上の役職を兼務しているときは、上位の役付手当のみを支給する。

【条項の作成・運用のポイント】

⑴　営業手当の決め方

①　営業手当の性格

営業手当（外勤手当）の支給目的は、営業活動に伴う身体的・精神的な疲労を補償することである。

また、社外に出かけるわけであるから、被服や靴等の損耗の度合いも大きい。その損耗を補償することも、支給目的の１つである。

さらに、外出に伴うさまざまな出費をカバーするという目的もある。

②　営業手当の決め方

営業手当の決め方には、

- ・月当たり定額で定める（職位別、資格等級別、一律等）
- ・月当たり定率で定める
- ・月当たり定額＋定率で定める
- ・一定の時間外手当に相当する金額とする
- ・日額で定める

などがある。

これらのうち、月当たり定額方式（職位別、資格等級別、一律等）が広く採用されている。

図表３－４　営業手当の決め方

月当たり定額方式（職位別）	係長　40,000円 主任　30,000円 一般　20,000円
月当たり定額方式（資格等級別）	社員５、６級　50,000円 社員３、４級　35,000円 社員１、２級　20,000円 （注）社員７級以上は、管理職。このため営業手当は支給せず、役付手当を支給する。
月当たり定額方式（全員一律）	30,000円

209

月当たり定率方式	基本給×15%
月当たり定率＋定額方式	基本給×10％に加え、次の金額。 総合職３、４級　20,000円 総合職１、２級　10,000円
時間外手当相当額方式	時間外手当25時間分相当額
日額で定める	外勤が５時間以上に及んだとき、資格等級に応じて2,000〜3,500円の日当を支給。

(2)　専門業務手当・企画業務手当

　新商品・新技術の研究開発や情報システムの分析・設計等の専門業務は、高度の専門知識を必要とする知的業務である。また、事業の運営に関する調査・分析・立案・策定という企画業務も、高度の分析力・判断力を必要とする業務である。

　専門業務も企画業務も、その性格上、その遂行の方法を大幅に担当者の裁量に委ねる必要があるため、使用者が遂行の手段や時間配分について具体的な指示をすることが困難である。このため、専門業務については、労使協定により、また、企画業務については、労使委員会の決議によって、それぞれ「みなし労働時間制」を適用することが認められている。

　専門業務または企画業務に従事する社員について、各人の勤務時間を個別に把握し、各人の時間外勤務時間数に応じて時間外勤務手当を支払うという方法を採用すると、時間管理・給与管理が相当煩雑となる。さらに、時間外勤務時間数を長くする可能性もある。

　そこで、専門業務・企画業務については、

① 　労使協定または労使委員会決議によって、みなし労働時間制を適用する

② 　１か月の時間外勤務時間数に相当する時間外勤務手当を含んだ形で業務手当の金額を決める

③　業務手当を毎月支給する

という方法を採用するのが便利である。

⑶　役付手当

　係長・課長・部長等の役職者は、部下を指揮命令し、自分が担当する部門の業務を確実に遂行する責任を負っている。

　役付手当は、本来的に、このような役職者の職務上の責任に配慮して、基本給とは別に支給されるものである。

　また、役付手当には、「時間外手当（時間外割増賃金）の不支給による収入減の補てん」という性格もある。

　さらに、役職に就き、部下ができると、付き合いや冠婚葬祭の支出が増える。そのような費用の補助も、役付手当の１つの目的といえる。

　役付手当の決め方には、

　・職位ごとに一律に定める

　・同じ職位でも金額に幅を設ける

　・基本給の一定割合とする

の３つがある。

図表３－５　役付手当の決め方（月額）

職位別一律方式	部長　80,000円 部次長　65,000円 課長　50,000円 課長代理　30,000円 係長　15,000円
同一職位でも幅を設ける方式	部長　100,000〜70,000円 部次長　80,000〜60,000円 課長　70,000〜50,000円 課長代理・課長補佐　60,000〜40,000円 係長　30,000〜10,000円
基本給の一定率方式	基本給×15%

3 通勤手当

> （通勤手当）
> 第17条 ２km以遠から公共交通機関を利用して通勤する者に対し
> て、定期券代の実費を支給する。ただし、非課税限度額をもっ
> て、支給限度額とする。

【条項の作成・運用のポイント】

⑴ 公共交通機関を利用する場合

通勤手当の支給対象距離については、

・特に条件を設けない

・一定の条件を設ける

の２つがある。

一般的には、「会社から２km以遠から通勤する者」という条件が設けられている。

通勤手当の支給額については、

・限度額は設けない

・限度額を設ける

・一定の上限額を超える場合は、その一定割合を支給する

などの取り扱いがある。

図表３－６　通勤手当の決め方（公共交通機関利用の場合）

限度額は設けない	
限度額を設ける	（例１） １か月30,000円を限度とする。 （例２） １か月150,000円を超えない額とする。

212

一定額を超えるときは、一部自己負担	（例1） 1か月50,000円を超える部分については、その半額を支給。 （例2） 1か月80,000円を超える部分については、その3分の1を支給する。

(2)　自動車・バイク通勤手当

　自動車・バイクによる通勤については、「事故・事件を起こしたり、巻きこまれたりする可能性がある」「一定の駐車スペースを用意しなければならないが、その余裕がない」などの理由から認めていない会社が多い。

　しかし、公共交通の便があまり良くなく、かつ、一定の駐車スペースを用意できる会社では、自動車・バイク通勤を認めざるを得ないであろう。

　自動車・バイク通勤手当の決め方には、主として、

　①　公共交通機関を利用した場合の通勤定期券代相当額とする

　②　片道通勤距離、燃費、ガソリン単価などにより算定する

　③　片道通勤距離に応じた定額を設定する

の3つがある。

図表3－7　自動車・バイク通勤手当の決め方（月額）

公共交通機関を利用した場合の通勤定期券代相当額方式	JR、私鉄、バス等の通勤定期券代に相当する金額を支給する。
片道通勤距離、燃費、ガソリン単価などにより算定する方式	（片道通勤距離×2×1か月所定勤務日数÷燃費）×ガソリン代単価 （注）燃費は、乗用車8km／ℓ、バイク20km／ℓ、とする。ガソリン代単価については、石油情報センター調査のレギュラーガソリン単価による。

片道通勤距離に応じた定額方式	自動車、バイクとも、次の金額。
	2〜10km未満　　4,200円
	10〜15 〃　　　 7,100円
	15〜25 〃　　 12,900円
	25〜35 〃　　 18,700円
	35〜45 〃　　 24,400円
	45〜55 〃　　 28,000円
	55km以上　　 31,600円

第4章

所定外給与

1　時間外勤務手当

> （時間外勤務手当）
> 第18条　時間外勤務を命令したときは、その時間数に応じて時間外勤務手当を支給する。
> 2　1時間当たりの時間外勤務手当の計算は、次による。
>   時間外勤務手当＝｛（所定内給与。ただし、家族手当、通勤手当を除く）／1か月平均所定勤務時間数｝×1.25
> 3　60時間を超える時間外勤務については、割増率は50％とする。
> 4　1か月の時間外勤務時間数の合計において1時間未満の端数があるときは、30分未満は切り捨て、30分以上は1時間に切り上げる。

【条項の作成・運用のポイント】

(1)　**時間外勤務手当・休日勤務手当の計算式**

　①　手当の計算式

　時間外勤務手当は、月給制の場合、「所定内給与（基本給＋諸手当）」を「1か月の所定勤務時間数」で割り、それに「割増率」を掛

けることによって計算することになっている。

「所定内給与」には、図表に掲げるものは含めなくてもよい。

また、「1か月の所定勤務時間数」は、本来的にその月の勤務時間数を使用することになっている。しかし、所定勤務時間数は月によって変動するため、1年を平均した1か月平均勤務時間数を便宜的に使用することが認められている。この場合、1か月平均勤務時間数は、次の算式で計算する。

1か月平均勤務時間数＝（365－年間所定休日）×1日の所定勤務時間／12

「割増率」は、次のとおりである。

時間外勤務手当➡25％（1か月60時間を超える部分については、50％）

休日勤務手当➡35％

なお、中小企業は、2023年3月まで、時間外勤務手当の割増率は、1か月60時間超の部分についても、25％で差し支えない。

図表4-1　時間外勤務手当の計算において、所定内給与に含めなくてもよいもの

①　家族手当
②　通勤手当
③　別居手当
④　子女教育手当
⑤　住宅手当
⑥　臨時に支払われる賃金
⑦　1か月を超える期間ごとに支払われる賃金（賞与等）

②　住宅手当の取り扱い

時間外勤務手当の計算において、住宅手当は所定内給与から除外することが認められている。しかし、「住宅手当」という名称で支給されていれば、どのような住宅手当でも除外できるというわけではな

い。除外できるのは、「住宅に要する費用に応じて算定される手当」に限られている。

　具体的には、

　　・住宅に要する費用に定率を乗じた額を支給するもの（例えば、賃貸住宅居住者には家賃の一定割合、持ち家居住者にはローン月額の一定割合を支給するもの）

　　・住宅に要する費用を段階的に区分し、費用が増えるにしたがって額を多くするもの（例えば、家賃月額５〜10万円の者には２万円、家賃月額10万円を超える者には３万円を支給するもの）

である（平成11・３・31、基発170号）。

　住宅手当の支給実態をみると、

　　・住宅の形態ごとに一律に定額で支給する

　　・住宅以外の要素（例えば、扶養家族の有無）に応じて定率または定額で支給する

　　・全員に一律に定額を支給する

などの方式を採用している会社が圧倒的に多い。このような会社は、時間外勤務手当の計算において、住宅手当を所定内給与から除外することはできない。

⑵　端数処理

　手当の計算においては、端数が生じることがある。この場合、端数を次のように処理することは特に差し支えない。社員が常に不利になるとは限らないからである（昭和63・４・14、基発150号）。

図表4-2 端数処理

①	1か月の時間外勤務時間数、休日勤務時間数の合計において1時間未満の端数があるときに、30分未満の端数は切り捨て、それ以上は1時間に切り上げること。
②	1時間当たりの賃金総額および割増賃金の額において1円未満の端数が生じたときに、50銭未満の端数は切り捨て、それ以上は1円に切り上げること。
③	1か月における時間外勤務、休日勤務の割増賃金の総額において1円未満の端数が生じたときに、50銭未満は切り捨て、それ以上は1円に切り上げること。

(3) 法定内残業の取り扱い

労働基準法によって割増賃金の支払いが義務付けられているのは、「1日8時間を超える勤務」である。

所定勤務時間を8時間未満に定めている会社の場合、8時間までの時間外勤務（残業）については、通常の給与を支払えばよく、割増賃金の支払いは必要ない。

例えば、所定勤務時間が7時間である会社が時間当たり給与2,000円の社員に対して2時間の時間外勤務（残業）を命令したとする。この場合、手当の支払いは、次のようになる。

最初の1時間の残業に対して➡2,000円の支払い

残りの1時間の残業に対して➡2,500円（2,000×1.25）の支払い

(4) 定額残業代制

① 定額残業代制とは

時間外勤務手当（残業代）の支払いについては、

・社員一人ひとりについて、日々の時間外勤務時間数を合計して1か月の時間数を求める

・そのうえで、各人の所定内給与を基準にして、時間外勤務手当
（残業代）を計算する

という手順を踏むことが必要である。このため、実務的に相当程度の
労力を必要とする。社員数が多い会社では、残業代の計算のために人
事担当者が残業をしなければならない。

こうしたところから、残業代支払いの手間を省くことを1つの目的
として、「定額残業代制」を実施しているところがある。これは、毎
月一定額（例えば、25時間の時間外勤務相当額）を残業代として支払
うというものである。

② 定額残業代制のメリットとリスク

定額残業代制を実施することにより、給与計算の事務の簡略化を図
ることができる。

また、社員の立場からすると、業務の遂行に工夫を凝らし、短時間
で業務を終了させれば利益を得ることができるので、働き方改革を促
進するというメリットも期待できる。例えば、25時間分の残業代が支
払われている場合において、15時間の残業で業務を完成させれば、10
時間分の残業代が労せずして得られる。

しかし、その一方で、実際の残業時間が予定を上回った場合に、追
加の残業代の支払いを要するというリスクもある。

さらに、定額残業代は、毎月安定的に支払われる。このため、社員
は、これを所定内給与と同じように「固定収入」と受け止め、消費を
増やしてしまう。その結果、時短を推進するための残業時間縮減が困
難となる。

③ 定額残業代制の種類

定額残業代制には、「組み込み型」と「手当型」、「残業限定型」と
「休日勤務組み込み型」、「年間同一型」と「通常期・繁忙期型」など
の種類がある。

219

図表4－3　定額残業代制の種類

(1)　「組み込み型」と「手当型」

組み込み型	基本給の中に残業代を組み込む（例えば、基本給の中に30時間分の残業代を組み込む）
手当型	基本給とは別建ての手当として支払う（例えば、基本給とは別建てで、30時間分を支払う）

(2)　「残業限定型」と「休日勤務組み込み型」

残業限定型	残業代に限定する（例えば、30時間分の残業代を毎月支払う）
休日勤務組み込み型	残業代と休日勤務手当を支払う（例えば、30時間分の残業代と1日分の休日出勤代を支払う）

(3)　「年間同一型」と「通常期・繁忙期型」

年間同一型	年間を通して同額の残業代を支払う（例えば、年間を通して毎月30時間分の残業代を支払う）
通常期・繁忙期型	繁忙期には増額した残業代を支払う（例えば、通常期には20時間分、繁忙期には40時間分を支払う）

④　実施上の留意点

　定額残業代制を実施するときは、次の点に十分留意することが必要である。

図表4－4　定額残業代制の実施上の留意事項

①　平均的な残業の実態をよく把握して、残業代を決める（例えば、平均的な残業時間が1か月25時間程度であれば、各人に25時間の残業代を支払う。
②　残業時間の実績は、毎月適正に把握する（会社は、社員各人の勤務時間を把握する義務がある）。

③	実際の残業時間が定額残業代を超えたときは、超えた分を支払う。
④	社員に対して、定額残業代制の趣旨と内容をよく説明する。
⑤	定額残業代を「営業手当」「業務手当」「繁忙手当」などの名目で支払うときは、その中に一定時間の残業代が含まれていることをよく説明する。

(4) 締切日と支払日

　時間外勤務手当の締切日（計算期間）は、所定内給与と同一であることが望ましい。しかし、先に述べたように、時間外勤務手当の計算には、相当の時間を要する。時間外勤務の時間数を確定しなければならないからである。また、時間外勤務時間の確定には、他部門の役職者の協力を得なければならないからである。

　所定内給与は、毎月の支払い額が一定しているから、人事部門の裁量で支払い事務を進めることができる。しかし、時間外勤務手当の場合は、そうはいかない。

　時間外勤務手当については、その計算に要する期間を考慮して締切日を決めるべきである。例えば、支払額の計算作業に25日程度を要するときは、締切日を前月末日、支払日を当月25日とする（図表参照）。

図表4－5　給与の計算期間と支払日

	計算期間	支払日
所定内給与（基本給・諸手当）	前月21～当月20日	25日
所定外給与（時間外勤務手当・休日勤務手当）	前月1～末日	25日

2 休日勤務手当

（休日勤務手当）

第19条 休日勤務を命令したときは、その時間数に応じて休日勤務手当を支給する。

2 1時間当たりの休日勤務手当の計算は、次による。

休日勤務手当＝｛（所定内給与。ただし、家族手当、通勤手当を除く）／1か月平均所定勤務時間数｝×1.35

3 1か月の休日勤務時間数の合計において1時間未満の端数があるときは、30分未満は切り捨て、30分以上は1時間に切り上げる。

【条項の作成・運用のポイント】

(1) 休日振替と休日勤務手当

業務の都合で、就業規則で定めた休日を他の日に振り替えることを「休日振替」という。例えば、本来の休日である日曜を出勤日とし、その翌々日の火曜を休日とする。

休日を振り替えたときは、本来の休日は休日ではなくなるので、その日の勤務に対して休日勤務手当を支払う必要はない。

(2) 代休と休日勤務手当

休日勤務をした者が希望したときに、別の日に休日を与えることを「代休」という。代休を与えたときは、休日勤務手当の割増分のみを支払えばよい。

例えば、時間当たり給与が1,500円の社員が8時間、休日勤務をし、その数日後に代休を取得したときは、次のように取り扱う。

休日勤務手当の支払い➡1,500×8×1.35＝16,200円

代休の給与控除➡1,500×8 ＝12,000円

差し引き支払額➡16,200－12,000＝4,200円

⑶　休日勤務が８時間を超えたときの割増率

　業務がきわめて忙しいときは、休日勤務が８時間を超えることがある。このような場合、会社の中には、休日勤務割増分35％、時間外勤務割増分25％、計60％の割増手当を支払っているところがある。

　しかし、所定勤務時間が40時間の会社の場合、休日に勤務するということは、法定勤務時間（40時間）を超えて勤務することに他ならない。したがって、割増分の計算において、休日勤務は、時間外勤務の延長線上にあると考えるのが妥当である。このため、休日勤務の時間が８時間を超えても、割増率は35％で差し支えない。

（参考）厚生労働省通達

> 　協定において休日の労働時間を８時間と定めた場合、割増賃金については、８時間を超えても深夜業に該当しない限り、３割５分増で差し支えない（平成11・３・31、基発168号）。

3　深夜勤務手当

> （深夜勤務手当）
> 第20条　深夜勤務（午後10時〜午前５時の勤務）を命令したときは、その時間数に応じて深夜勤務手当を支給する。
> 2　１時間当たりの深夜勤務手当の計算は、次による。
> 　　　深夜勤務手当＝｛（所定内給与。ただし、家族手当、通勤手当を除く）／１か月平均所定勤務時間数｝×0.25
> 3　時間外勤務または休日勤務が深夜に及んだときは、時間外勤務手当または休日勤務手当と深夜勤務手当を併給する。

【条項の作成・運用のポイント】

(1) 深夜勤務手当の計算方法

深夜勤務手当は、時間外勤務手当や休日勤務手当と同じように、次の算式で算出する。

深夜勤務手当＝｛所定内給与（ただし、家族手当等を除く）／1か月平均所定勤務時間数｝×割増率

割増率は、25％である。

(2) 時間外勤務手当等との併給

一般の社員の場合、深夜勤務は、時間外勤務または休日勤務が長時間に及び、深夜に至るというケースが普通であろう。この場合、割増賃金は次のように取り扱う。

時間外勤務が深夜に及んだとき➡時間外割増25％＋深夜割増25％＝50％

休日勤務が深夜に及んだとき➡休日割増35％＋深夜割増25％＝60％

4　時間外・休日勤務手当の不支給

（時間外・休日勤務手当の不支給）

第21条　次の者に対しては、時間外勤務手当および休日勤務手当は、支給しない。

　(1)　専門業務手当を支給されている者

　(2)　企画業務手当を支給されている者

　(3)　課長以上の役職者

　(4)　役員専用車運転手

【条項の作成・運用のポイント】

(1)　役職者の取り扱い

　課長以上の役職者は、一般的に、使用者と一体となって社員の労務管理を行う立場にあるから、労働基準法の勤務時間、休憩および休日の規定は適用されない。したがって、これらの者については、時間外勤務手当を支給しなくても差し支えない。

(2)　専門職と企画職の取り扱い

　専門業務および企画業務に従事する者については、労使協定または労使委員会の決議によって、みなし労働時間制を適用することが認められている。このため、みなし労働時間制を適用することとし、一定額の時間外勤務手当を含んだ「業務手当」を支給し、時間外勤務手当および休日勤務手当は特に支払わないことにするのが便利である。

(3)　役員専用車運転手

　役員専用車運転手の業務は、不定期である。一日中運転しているわけではない。このような不定期の業務を「断続的労働」といい、労働基準法の労働時間、休憩および休日の規定を適用しなくても差し支えないことになっている。

　したがって、役員専用車運転手にに対しては、時間外労働手当および休日労働手当を支払わなくても差し支えない。

第5章

昇　　給

1　昇給の時期と対象者

(昇給の時期)
第22条　昇給は、毎年4月に行う。ただし、業績が良好でないときは、行わないか、または時期を遅らせることがある。
(昇給の対象者)
第23条　昇給の対象者は、昇給の時期に在籍している者とする。ただし、原則として次に掲げる者は除く。
(1)　前年9月21日以降に採用された者
(2)　昇給算定期間における出勤日数が所定勤務日数の50％に満たない者。ただし、9月20以前に採用され、勤続1年に満たない者については、採用日以降の所定勤務日数を基準とする。
(3)　昇給算定期間において、減給または出勤停止の懲戒処分を受けた者
(4)　昇給時期において、休職中の者
(昇給の算定期間)
第24条　昇給の算定期間は、前年3月21日から当年3月20日までとする。

【条項の作成・運用のポイント】

⑴ 昇給の時期

多くの会社が毎年1回、4月に昇給を行っている。これは、

・4月に新しい年度が始まる

・4月に新卒者が入社する

・多くの会社が4月に昇給を行っている

・2月から3月にかけて、マスコミで昇給のニュースが報道され、社会的に昇給への関心が高まる

などの理由によるものであろう。

⑵ 昇給の対象者

昇給の対象者は、昇給の実施時期に在籍している者とする。ただし、昇給は、勤続に対する褒賞という性格も持っているため、次に掲げる者は対象から除外するのが適切であろう。

・採用されてから日が浅い者

・過去1年の出勤率が良くない者

・過去1年に重大な懲戒処分を受けた者

・昇給時期に休職中の者

⑶ 昇給の計算期間

昇給の計算期間は、昇給の時期に合わせて決める。

4月を昇給の実施時期としたときは、直前の1年間を計算期間とするのが合理的である。

⑷ 昇給の停止

給与規程において「4月に昇給を行う」と明記したときは、4月に昇給を行う義務がある。しかし、経営をめぐる状況次第では、昇給を

227

行えないこともあろう。業績が不振で支払能力が欠如しているのに無理をして昇給を行うと、経営収支がさらに悪くなり、経営基盤が弱くなる。

このため、非常時に備え、「業績が良好でないときは、昇給を行わないことがある」という文言を盛り込んでおくのが賢明である。

2　昇給の基準

（昇給の基準）
第25条　昇給は、算定期間における職務遂行能力、勤務態度および勤務成績を総合的に評価して決定する。

【条項の作成・運用のポイント】

昇給の金額（あるいは、昇給率）の決め方には、
・人事考課を行って決める
・人事考課は行わず、全員同額とする
の2つがある。

給与は、「労働の対価」として支払うものである。また、昇給に充てることのできる原資は限られている。

人事考課を行わず、全員同額を昇給させると、社員の勤労意欲に好ましくない影響を与える。「頑張って働かなくても、毎年給与が上昇する」ということで、職場の緊張感が希薄となる。職場に緊張感・業績向上意欲が乏しければ、他社との激しい競争に耐えていくことは望めない。

このようなことを考慮すると、支給対象者一人ひとりについて、計算期間中の勤務態度、職務遂行能力および勤務成績（仕事の量、仕事の質）を公正に評価して昇給額を決めるのが適切である。

一般社員の昇給用人事考課表➡様式例5－1

役職者の昇給用人事考課表➡様式例5−2

様式例5−1　一般社員の昇給用人事考課表

人事考課表（一般社員・昇給用）

被考課者	○○部○○課　（氏名）○○○○
考課対象期間	○○年○○月○○日〜○○年○○月○○日

〜考課対象期間中の勤務態度、能力および勤務成績を次の5段階で公正に評価
して下さい〜

（評価区分）
S＝きわめて優れていた
A＝優れていた
B＝普通
C＝やや劣っていた
D＝劣っていた

考課項目	着眼点	考課
1　勤務態度		
規律性	・就業規則などの規則・規程をよく守っ 　たか ・仕事において、上司の指示命令をよく 　守ったか	S A B C D 5 4 3 2 1
協調性	・上司・同僚との人間関係に気を配って 　仕事をしたか ・職場の和を重視して仕事をしたか	S A B C D 5 4 3 2 1
積極性	・与えられた仕事に前向きの姿勢で取り 　組んだか ・仕事の進め方の改善、能力の向上に努 　めたか ・仕事の内容に不平不満をいうことはな 　かったか	S A B C D 10 8 6 4 2
責任性	・与えられた仕事を最後まできちんとや 　り終えたか ・仕事への責任感・使命感があったか	S A B C D 10 8 6 4 2
		（小計）　　　点

229

2　能力		
知識・技術・技能	・担当する業務の遂行に必要な知識または技術・技能を習得しているか ・関連する業務について、一定の知識または技術・技能を習得しているか	S A B C D 20 16 12 8 4
コミュニケーション能力	・上司の指示・命令、伝達事項を正しく理解できるか ・仕事の進み具合や結果を口頭または文書等で正確かつ簡潔に表現できるか ・自分の考えや意見をはっきりと伝えられるか	S A B C D 10 8 6 4 2
行動力	・指示命令されたことをすぐに実行しているか ・指示命令されたことを完遂しようとする強い意志があるか ・仕事に対する粘り強さがあるか	S A B C D 10 8 6 4 2
気力・体力	・多少の困難や支障に直面しても、それを克服して仕事を前へ進めていける気力（意欲）と体力を備えているか ・仕事に対して弱音を吐いたり、不満を漏らしたりすることはないか ・仕事が忙しくても、休まずに続けられるか	S A B C D 10 8 6 4 2
		（小計）　　　点
3　勤務成績		
仕事の量	・能力や経験年数にふさわしい量の仕事をしたか ・与えられた仕事を迅速に遂行したか	S A B C D 10 8 6 4 2
仕事の質	・与えられた仕事を所定の基準にしたがって正確に処理したか ・仕事において、ミスや不手際を起こすことはなかったか	S A B C D 10 8 6 4 2
		（小計）　　　点
	合計点（100点満点）	点

一次考課者氏名	
一次考課者所見	

二次考課者氏名	
二次考課者所見	□一次考課は適切である □一次考課はおおむね適切である □次のように評価するのが妥当である （勤務態度○○点、能力○○点、勤務成績○○点、 合計○○点）

以上

様式例5−2　役職者の昇給用人事考課表

人事考課表（役職者・昇給用）

被考課者	○○部○○課　（氏名）○○○○
考課対象期間	○○年○○月○○日〜○○年○○月○○日

〜考課対象期間中の勤務態度、能力および勤務成績を次の5段階で公正に評価して下さい〜

（評価区分）
S＝きわめて優れていた
A＝優れていた
B＝普通
C＝やや劣っていた
D＝劣っていた

考課項目	着眼点	考課
1　勤務態度		
積極性	・部門の業務目標達成のために部下の先頭に立って仕事をしたか。 ・部門の仕事の改善、生産性の向上に取り組んだか	S　A　B　C　D 5　4　3　2　1
責任性	・役職者としての役割と責任を意識して行動したか ・仕事への責任感・使命感があったか	S　A　B　C　D 5　4　3　2　1
経営認識	・会社の経営方針・経営理念を正しく理解して行動したか ・担当部門の利害得失にこだわることなく、広い立場、高い視点に立って、ものごとを判断したか	S　A　B　C　D 5　4　3　2　1
コスト意識	・常にコスト意識を持って仕事に取り組んだか ・日頃からコストの削減とムダの排除に努めたか	S　A　B　C　D 5　4　3　2　1
		（小計）　　　点
2　能力		
統率・管理力	・年度の業務目標を部下全員に周知していたか	S　A　B　C　D 10　8　6　4　2

	・部下一人ひとりについて、その能力と意欲に応じて適切な役割（職務内容）を定め、本人に伝えていたか ・部下の職務遂行状況を定期的にチェックしていたか。職務の進捗状況を的確に把握していたか					
行動力	・部下を指導して、業務目標の達成のために必要なことを力強く実行したか ・業務目標を達成しようとする強い意志があったか ・多少の困難や支障があっても、それに屈することなく業務を遂行したか	S A B C D 10 8 6 4 2				
決断力	・その場の状況に応じて的確な決断ができるか ・決断が早すぎたり、遅すぎたりすることはないか	S A B C D 5 4 3 2 1				
問題解決力	・担当部門において何か問題やトラブルが生じたときに、最も適切な解決策を選択し、実行したか ・問題やトラブルの解決に粘り強く取り組んだか	S A B C D 5 4 3 2 1				
指導育成力	・部下一人ひとりについて、その能力と性格を正しく把握し、本人にふさわしい仕事を与えているか ・日ごろから部下の能力向上に計画的に取り組んでいるか ・仕事のできる部下が育っているか	S A B C D 10 8 6 4 2				
		（小計）　　　点				
3　勤務成績						
部門業務目標の達成度	・部下を適切に指揮命令して、担当部門の業務目標を達成することができたか ・担当部門の生産性の向上において、一定の成果があったか	S A B C D 20 16 12 8 4				
部門業務の質	・担当部門の業務内容は、正確で質的に優れていたか ・担当部門において、仕事のミスや不手際はなかったか	S A B C D 20 16 12 8 4				

		(小計)	点
	合計点（100点満点）		点

一次考課者氏名	
一次考課者所見	

二次考課者氏名	
二次考課者所見	□一次考課は適切である □一次考課はおおむね適切である □次のように評価するのが妥当である （勤務態度○○点、能力○○点、勤務成績○○点、 合計○○点）

以上

3　ベースアップ

　消費者物価の上昇、経済の高度成長、生産性の著しい上昇など、給与をめぐる状況が大きく変化したときに、給与表を全面的に書き換えることを「ベースアップ」という。

　例えば、消費者物価が上昇すると、給与の価値が目減りして生活が苦しくなるので、年齢を基準として定める給与部分（年齢給）を次のように書き換える。

　　　　27歳　　150,000➡155,000円
　　　　28歳　　152,000➡157,000円
　　　　29歳　　154,000➡159,000円
　　　　30歳　　156,000➡161,000円

　ベースアップについては、次のような理由から、就業規則には記載しないのが一般的である。

図表5-1　就業規則にベースアップを記載しない理由

①　給与をめぐる状況が大きく変化することはあまりない。
②　ベースアップは、会社の裁量で一時的・臨時的に行うもので、制度的・定期的に行うものではない。
③　就業規則に記載すると、社員に安易な期待感を抱かせる。
④　労働基準法で就業規則への記載が義務付けられていない。

235

第6章

不就業の取り扱い

1　欠勤等の控除

(欠勤控除)
第26条　欠勤したときの取り扱いは、次の区分による。
　(1)　月給制の者については、給与は控除しない。
　(2)　日給月給制の者については、所定内給与の日割り相当分を控除する。
(遅刻・早退・私用外出控除)
第27条　遅刻、早退または私用外出による不就業の取り扱いは、次の区分による。
　(1)　月給制の者については、給与は控除しない。
　(2)　日給月給制の者については、1日につき、10分未満は10分に切り上げ、10分を超え20分未満は10分に切り下げる時間計算により、所定内給与を控除する。

【条項の作成・運用のポイント】

(1)　欠勤控除の方法

　　欠勤の控除には、

・所定内給与の日割相当分を控除する（例えば、所定勤務日数が22
日の月に２日欠勤したとき➡所定内給与の2/22を控除する）

・基本給の日割相当分を控除する

などの方法がある。

(2)　遅刻・早退等の控除

遅刻、早退および私用外出に伴う不就業の給与控除については、

・１日単位方式

・１か月単位方式

の２つがある。

①　１日単位方式

１日単位方式は、日々、不就業時間を清算するというもので、切り
上げ方式、切り捨て方式、切り上げ・切り捨て併用方式の３つがある。

ア　切り上げ方式

これは、10分とか、15分というように「単位時間」を設け、それ未
満の不就業時間は単位時間に切り上げるというものである。

単位時間を10分とした場合、７分の遅刻は10分、15分の遅刻は20分
に切り上げる。社員にとって、最も厳しい措置である。

この方式は、実際の不就業時間以上に給与を控除するため、制裁減
給を定めた労働基準法が適用される。しかし、単位時間が10分、20分
程度では、労働基準法に抵触する事態には至らないであろう。

イ　切り捨て方式

これは、切り上げ方式とは反対に、単位時間未満の端数は切り捨て
るというものである。

単位時間を10分とした場合、７分の遅刻はゼロ、15分の遅刻は10分
に切り捨てる。社員にとって、有利な措置である。

ウ　切り上げ・切り捨て併用方式

これは、単位時間未満は切り上げ、超えたら切り捨てるというもの

237

である。

　例えば、単位時間を10分とした場合、10分未満の遅刻は10分に切り上げ、10分を超え20分未満の遅刻は10分に切り捨てる。25分の遅刻は30分とし、35分の遅刻は、端数を切り捨て、30分として処理する。バランスの取れた措置といえる

○給与規程への記載例

切り上げ方式	遅刻、早退または私用外出によって就業しない時間があったときは、1日につき、10分未満は10分に切り上げる時間計算により、所定内給与を控除する。
切り捨て方式	遅刻、早退または私用外出によって就業しない時間があったときは、1日につき、10分未満は切り捨てる時間計算により、所定内給与を控除する。
切り上げ・切り捨て併用方式	遅刻、早退または私用外出によって就業しない時間があったときは、1日につき、10分を単位とする時間計算により、所定内給与を控除する。10分未満は10分に切り上げ、10を超え20分未満は10分に切り捨てる。

　②　1か月方式

　これは、遅刻、早退、私用外出による不就業時間を1か月総計し、その総計時間に応じて給与を控除するというもので、切り上げ方式、切り捨て方式および切り上げ・切り捨て併用方式の3つがある。

　例えば、単位時間を30分とする切り上げ方式の場合、1か月の不就業時間の総計が2時間33分（遅刻1時間58分、早退20分、私用外出15分）の社員の場合、不就業時間は3時間として処理される。

○就業規則への記載例

第○条（遅刻等の控除）　遅刻、早退または私用外出によって就業しない時間があったときは、その時間を1か月総計し、30分未満は30分に切り上げる時間計算により、所定内給与を控除する。

2　休職者等の給与

（休職）
第28条　休職中は、給与は支給しない。
2　給与計算期間の途中から休職する場合、または復職する場合
　は、勤務した日数に応じて所定内給与を日割計算により支払う。
（途中採用・退職者の取り扱い）
第29条　給与計算期間の途中で採用された者および退職する者に
　ついては、勤務した日数に応じて所定内給与を日割計算により
　支払う。
2　退職者から請求があったときは、退職後7日以内に支払う。

【条項の作成・運用のポイント】

(1)　休職中の給与

　休職中は、ノーワーク・ノーペイの原則にしたがって給与を支払わ
ないことにするのが妥当であろう。

　給与計算期間の途中から休職する場合、または復職する場合は、勤
務した日数に応じて所定内給与を日割計算により支払う。

(2)　途中採用・退職者の取り扱い

　給与計算期間の途中で採用された者および退職する者については、
勤務した日数に応じて所定内給与を日割計算により支払う。

(3)　退職者から請求があった場合

　労働基準法は、「使用者は、退職した労働者から請求があったとき
は、7日以内に賃金を支払わなければならない」と定めている（第23
条）。

退職者から請求があったときは、退職後7日以内に支払う。請求がなければ、通常の給与支払日に支払えばよい。

3　休業手当

> （休業手当）
> 第30条　業務上やむを得ない事情により休業するときは、休業1日につき平均賃金の100分の60を支払う。ただし、地震その他不可抗力に基づく場合は、この限りではない。

【条項の作成・運用のポイント】

労働基準法は、「使用者の責に帰すべき事由による休業の場合は、その平均賃金の100分の60以上の手当を支払わなければならない」と定めている（第26条）。

このため、会社側の都合で休業し、社員に自宅待機を命令するときは、

① 休業1日について、日割計算により所定内給与の1日分を控除する

② 所定内給与の控除と引き換えに、休業手当を支払う

という取り扱いをする。

4　業務上の災害

> （業務上の傷病による休職のとき）
> 第31条　業務上の傷病による休職期間については、給与を支払う。ただし、次に掲げる場合は、この限りではない。
> （1）労災保険から休業補償を給付されたとき
> （2）打切補償を受けたとき

【条項の作成・運用のポイント】

　労働基準法は、「使用者は、業務上の負傷・疾病の療養のために休業するときは、平均賃金の100分の60を支払わなければならない」と定めている（76条第1項）。このため、休業中の給与の取り扱いを就業規則に明記する。

　合わせて、次の場合には、給与は支払わないことも、明記する。

(1)　労災保険から休業補償を給付されたとき

(2)　打切補償を受けたとき

第7章

賞　与

1　賞与の支給対象者と計算期間

（賞与の支給）
第32条　夏季と年末に賞与を支給する。ただし、業績が良好でないときは、支給しないことがある。

（支給対象者）
第33条　賞与は、支給日に在籍する者に支給する。ただし、次に掲げる者には支給しない。
(1)　夏季賞与については、1月21日以降、年末賞与については、7月21日以降に採用された者
(2)　賞与計算期間における出勤日数が所定勤務日数の3分の2に満たない者。ただし、夏季賞与については1月20日以前、年末賞与については7月20日以前に採用され、勤続6か月に満たない者については、採用日以降の所定勤務日数を基準とする。
2　前項の規定にかかわらず、会社が適当であると認めた者については、特別に支給することがある。

（支給日）

第34条　賞与の支給日は、その都度定める。

（計算期間）

第35条　賞与の計算期間は、次のとおりとする。

　　　　　夏季賞与　　　前年12月 1 日～当年 5 月31日

　　　　　年末賞与　　　 6 月 1 日～11月30日

【条項の作成・運用のポイント】

(1)　賞与の算定期間

　賞与を夏季、年末、あるいは決算時に定期的に支給するときは、その算定期間（計算期間）をあらかじめ明確にしておくことが必要である。算定期間が合理的に決められていないと、経営の合理性、人事管理・人件費管理の合理性が失われる。

　算定期間は、具体的に定めなければならない。

　夏季および年末に定期的に支給するときは、例えば、

　夏季賞与＝前年12月 1 日～当年 5 月31日

　年末賞与＝ 6 月 1 日～11月30日

というように定める。

　そして、算定期間中の業績（売上、営業利益、経常利益など）に基づいて賞与の支給総額（支給原資）を決定する。

　算定期間と支給日との間にどの程度の間隔を設けるかは、各社の自由な判断に委ねられている。

(2)　賞与の支給総額

　賞与は、「業績の還元」「成果の配分」として支給するものである。したがって、賞与の支給総額（支給原資）は、基本的に、算定期間中の業績を重視して決定するのが合理的である。

243

業績が良好であったときは、支給総額を多くして社員の貢献や努力に報いる。売上が好調で、多額の利益が生じているにもかかわらず、支給総額を少なめにすると、「会社は、社員の貢献や努力を正しく評価していない」「会社は、社員への思いやりに欠けている」として、経営への信頼感が低下する。

　これに対して、業績があまり芳しくなかったときは、支給総額を抑制する。

　業績が良くないにもかかわらず、賞与の支給総額を多めに決めると、人件費負担が重くなり、経営基盤が弱体化する。

　さらに、賞与の支給には相当多額の資金が必要になるから、資金繰りにも配慮しなければならない。

　このほか、

・賞与の支給実績
・労働組合の要求
・同業他社の動向

などにも、一定の配慮をするのが望ましい。

図表7－1　賞与の支給総額の決定に当たって勘案すべき事項

① 業績（売上、利益）の現状
② 景気の動向と業績の見込み
③ 資金繰り
④ これまでの賞与の支給実績
⑤ 労働組合・社員組合の要求
⑥ 同業他社の賞与の支給動向
⑦ その他

⑶　賞与の支給対象者

①　業績への貢献と勤務期間

　社員は、日常の仕事を通じて会社の業績に貢献する義務を負ってい

る。

　営業業務に携わる社員は、営業活動を通して会社の業績に貢献すべき義務がある。生産業務を行う社員は、生産業務を通して会社に貢献すべき義務を負っている。

　会社では、さまざまな業務が行われているが、どのような業務であっても、その業務を通じて業績に貢献するためには、一定の期間勤務して仕事の知識・技術または技能を習得し、仕事に従事することが必要である。

　このため、算定期間を通じて一定の期間勤務した者に支給するのが合理的・説得的である。

　例えば、夏季賞与の場合であれば、「夏季賞与の算定期間である前年12月1日〜当年5月31日において、3分の2（あるいは2分の1、あるいは100日）以上勤務した者」を支給対象者とする。

　また、年末賞与の場合であれば、「年末賞与の算定期間である6月1日〜11月30日において、3分の2（あるいは2分の1、あるいは100日）以上勤務した者」を支給対象者とする。

　②　支給日に在籍していること

　賞与の算定期間中は在籍していても、その後に退職し、支給日には在籍していないというケースが出ることがある。

　例えば、夏季賞与の算定期間を「前年12月1日〜5月31日」、支給日を「6月20日」とした場合、5月末日までは勤務していたが、その後個人的な事情で退職し、6月20日には在籍していないというケースである。

　賞与は、給与とは別に支給されるもので、かつ、賞与を支給するかしないかは、本来的に会社の自由に委ねられている。

　毎月の給与は、「労働の対価」であるから、社員から労働の提供を受けたときは、その日数のいかんにかかわらず、会社は、社員に対して給与を支払う義務がある。しかし、賞与は、労務提供の対価として

支給されるものではないので、どのような者に支給するかは、会社の判断で決めることができる。

　一般的に、支給日に在籍していない者に賞与を支給することについて、在籍社員は、多かれ少なかれ抵抗感を抱くであろう。また、一般に、会社が賞与の支給原資として用意できる金額は限られている。このため、支給日に在籍していない者に対しては、賞与を支給しないことにするのが妥当であろう。

　なお、支給日に在籍していない者に対しては賞与を支給しないことにするときは、給与規程において、「賞与の支給日に在籍していない者に対しては、賞与を支給しない」と明記しておくべきである。

⑷　業績不振時の賞与の取り扱い

　会社の業績は、常に良好であることが望ましい。売上が順調に伸び、それに伴って営業利益・経常利益も順調に増加していくことが理想である。

　しかし、会社の意に反して業績が不振に陥ることがある。経営環境が激変して売上が減少し、利益を確保できなくなることもある。このような場合にこれまでどおりりに賞与を支給していると、採算はさらに悪くなるとともに、資金繰りが悪化する。

　業績不振のときは、賞与についても危機対策を講じなければならない。具体的には、

　・支給月数・支給額を大幅に減らす（支給総額の大幅カット）

　・賞与に代えて、「特別手当」、「生活支援金」、あるいは「越冬資金」などの名目で定額を支給する

　・賞与の支給を見送る

などのうち、いずれかの措置を講じる。

2 賞与の支給基準

（支給基準）
第36条 賞与の支給額は、計算期間における会社の業績を基準に
し、各人の勤務成績および勤務態度を評価して決定する。

【条項の作成・運用のポイント】

(1) 個人別支給額の主な算定式

賞与については、

① 毎年、夏季と年末の2回、定期的に支給される

② 社員一人当たりの支給額が給与の数か月分に及び、重要な労働
条件となっている

③ 支給総額が相当の額に達する

④ 支給原資が制限されている

などの性格がある。このため、一定の合理的な算定基準（算定式）を
定め、その基準に基づいて算定することが望ましい。

合理的で統一した支給基準が定められていないと、支給額が経営者
や役職者の個人的な思惑や好き嫌いや、あるいはそのときの感情で恣
意的に決められることになり、社員に不信感を与える。

現在、各社で採用されている主な算定式を示すと、図表のとおりで
ある。

図表7－2 主要な賞与算定式

①	基礎給×平均支給月数×出勤率＋人事考課分
②	基礎給×平均支給月数×出勤率＋人事考課分＋定額・定率加算
③	基礎給×平均支給月数×出勤率×人事考課係数

(注) 1 基礎給とは、基本給または所定内給与（基本給＋諸手当）をいう。
2 平均支給月数＝賞与支給総額／支給対象者の基礎給の総和

247

(2) 人事考課分の決め方

　支給額の決定において、人事考課分を盛り込む場合、人事考課分は、人事考課の結果に基づいて決める。決め方には、

　　①　一定の幅（加算の上限、減額の上限）を設ける

　　②　役職の有無別に一定の幅を設ける

　　③　資格等級別に一定の幅を設ける

　　④　人事考課の区分ごとに決める

　　⑤　役職の有無別、かつ、人事考課の区分ごとに決める

などがある。

　一般的にいえば、賞与支給分に占める人事考課分の割合は、一般社員の場合は20～30％程度、役職者の場合は30～40％程度とするのが適切であろう。

図表７－３　人事考課分の決め方

決め方	例
①　一定の幅を設ける	人事考課の結果により、基本給の２か月分を上限に加算し、１か月分を下限に減額する
②　役職の有無別に一定の幅を設ける	人事考課の結果により、一般社員については、基本給の１か月分を上限に加算し、0.5か月分を下限に減額する。役職者については、２か月分を上限に加算し、１か月分を下限に減額する。
③　人事考課の区分ごとに加算額を決める	S評価（最高）　　　0.7か月分 A評価　　　　　　　0.5か月分 B評価（標準）　　　0.3か月分 C評価　　　　　　　ゼロ D評価（最低）　　　0.5か月分減額

(3) 人事考課係数の決め方

　支給額の決定において、人事考課係数を使用する場合、人事考課係

数は、人事考課の結果に基づいて決める。決め方には、

・全社員一律に決める

・社員と役職者とに区分して決める

などがある。

考課係数は、次の事項を十分に踏まえて決めることが望ましい。

・会社の業務の内容

・社員の職務の内容

・経営方針

・個人業績の把握の難しさ・やさしさ

・支給総額の大きさ、平均支給額

・役職者の人事考課能力

図表７－４　人事考課係数の決め方

	例	
全社員一律方式	S評価（最高）	1.2
	A評価	1.1
	B評価（標準）	1.0
	C評価	0.9
	D評価（最低）	0.8
役職の有無別方式	（一般社員）	
	S評価（最高）	1.2
	A評価	1.1
	B評価（標準）	1.0
	C評価	0.95
	D評価（最低）	0.9
	（役職者）	
	S評価（最高）	1.3
	A評価	1.15
	B評価（標準）	1.0
	C評価	0.8
	D評価（最低）	0.7

(4) 人事考課の対象と人事考課表

　賞与の支給額決定のための人事考課は、勤務態度と勤務成績について行うのが合理的である。

　　　　一般社員の賞与用の人事考課表➡様式例7－1

　　　　役職者の賞与用の人事考課表➡様式例7－2

様式例7－1　一般社員の賞与用人事考課表

人事考課表（一般社員・賞与用）
（○○年度夏季・年末賞与）

被考課者	○○部○○課　（氏名）○○○○
考課対象期間	○○年○○月○○日〜○○年○○月○○日

〜考課対象期間中の勤務態度および勤務成績を次の5段階で公正に評価して下さい〜

（評価区分）
S＝きわめて優れていた
A＝優れていた
B＝普通
C＝やや劣っていた
D＝劣っていた

考課項目	着眼点	考課
1　勤務態度		
協調性	・上司・同僚との人間関係に気を配って仕事をしたか ・職場の和を重視して仕事をしたか	S A B C D 10 8 6 4 2
積極性	・与えられた仕事に前向きの姿勢で取り組んだか ・仕事の進め方の改善、能力の向上に努めたか ・仕事の内容に不平不満をいうことはなかったか	S A B C D 15 12 9 6 3
責任性	・与えられた仕事を最後まできちんとやり終えたか ・仕事への責任感・使命感があったか	S A B C D 15 12 9 6 3

250

時間意識・時間活用	・勤務時間の有効活用の重要性を意識していたか ・勤務時間を上手に使って仕事をしたか ・勤務時間中は、職務に集中していたか。雑談、私語、私用の電話などで、時間をムダに過ごすことはなかったか	S A B C D ⊢─┼─┼─┼─┤ 10 8 6 4 2
		(小計)　　　点
2　勤務成績		
仕事の量	・能力や経験年数にふさわしい量の仕事をしたか ・与えられた仕事を迅速に遂行したか	S A B C D ⊢─┼─┼─┼─┤ 25 20 15 10 5
仕事の質	・与えられた仕事を正確に処理したか ・仕事において、ミスや不手際を起こすことはなかったか	S A B C D ⊢─┼─┼─┼─┤ 25 20 15 10 5
		(小計)　　　点
	合計点（100点満点）	点

一次考課者氏名	
一次考課者所見	

二次考課者氏名	
二次考課者所見	□一次考課は適切である □一次考課はおおむね適切である □次のように評価するのが妥当である （勤務態度○○点、勤務成績○○点、合計○○点）

以上

様式例7－2　役職者の賞与用人事考課表

人事考課表（役職者・賞与用）
（○○年度夏季・年末賞与）

被考課者	○○部○○課　（氏名）○○○○
考課対象期間	○○年○○月○○日〜○○年○○月○○日

〜考課対象期間中の勤務態度および勤務成績を次の5段階で公正に評価して下さい〜

(評価区分)
S＝きわめて優れていた
A＝優れていた
B＝普通
C＝やや劣っていた
D＝劣っていた

考課項目	着眼点	考課
1　勤務態度		
積極性	・部門の業務目標達成のために部下の先頭に立って仕事をしたか ・部門の仕事の改善、生産性の向上に取り組んだか	S　A　B　C　D 5　4　3　2　1
責任性	・役職者としての役割と責任を意識して行動したか ・仕事への責任感・使命感があったか	S　A　B　C　D 5　4　3　2　1
経営認識	・会社の経営方針・経営理念を正しく理解して行動したか ・担当部門の利害得失にこだわることなく、広い立場、高い視点に立って、ものごとを判断したか	S　A　B　C　D 5　4　3　2　1
コスト意識	・常にコスト意識を持って仕事に取り組んだか ・日頃からコストの削減とムダの排除に努めたか	S　A　B　C　D 5　4　3　2　1
2　勤務成績		
部門業務目標の達成度	・部下を適切に指揮命令して、担当部門の業務目標を達成することができたか ・担当部門の生産性の向上において、一定の成果があったか	S　A　B　C　D 60　48　36　24　12

部門業務の質	・担当部門の業務内容は、正確で質的に優れていたか ・担当部門において、仕事のミスや不手際はなかったか	S　A　B　C　D 20　16　12　8　4
	合計点（100点満点）	点

一次考課者氏名	
一次考課者所見	

二次考課者氏名	
二次考課者所見	□一次考課は適切である □一次考課はおおむね適切である □次のように評価するのが妥当である （勤務態度○○点、勤務成績○○点、合計○○点）

以上

(まとめ)

給与規程全文

　以上において紹介した給与規程の条項を取りまとめて掲載すると、次のとおりである。

給与規程

第1章　総則

(目的)

第1条　この規程は、就業規則第42条に基づき、社員の給与について定める。

2　給与についてこの規程に定めのない事項は、労働基準法その他の法令の定めるところによる。

(給与の構成)

第2条　給与は、基本給と諸手当をもって構成する。

(給与の形態)

第3条　給与は、月額をもって定める日給月給制または月給制とする。

2　日給月給制は、技能職および一般職に適用し、欠勤、遅刻、早退または私用外出等の不就業があったときは、不就業分を控除する。

3　月給制は、総合職および管理職に適用し、欠勤、遅刻、早退または私用外出等の不就業分について控除しない。

（計算期間・支払日）

第4条　給与の計算期間は、前月21日から当月20日までとし、毎月25日に支払う。当日が休日のときは、その前日に支払う。

（支払い方法）

第5条　給与は、本人の同意を得て口座振り込みによって支払う。

（控除）

第6条　給与の支払いに当たり、次のものを控除する。

　(1)　社会保険の保険料の本人負担分

　(2)　所得税、住民税

　(3)　労働組合と協定したもの

（非常時払い）

第7条　結婚、出産、疾病、災害その他会社が必要と認めた非常の場合には、社員の請求により、既往の勤務に対する給与を支払う。

（日割・時間割計算）

第8条　給与の日割計算および時間割計算は、次の算式による。

　　　　　　日割計算＝所定内給与（通勤手当を除く）／1か月平均所定勤務日数

　　　　　　1か月平均所定勤務日数＝（365日－年間所定休日数）／12

　　　　　　時間割計算＝日割計算額／1日の所定勤務時間数

（平均賃金）

第9条　平均賃金は、次の算式によって計算した額とする。

　　　　　　平均賃金＝直前の給与締切日から起算した過去3か月間の給与総額／その3か月間の総日数

2　前項の計算において、給与総額には賞与は含めないものとする。

3　採用後3か月に満たない者については、平均賃金は、採用後の期間について算出する。

第2章　基本給

（基本給）

第10条　基本給は、本人の職務、職務遂行能力、勤務成績、勤務態度、年齢、勤続年数および学歴等を総合的に評価して決定する。

第3章　諸手当

（家族手当）

第11条　扶養家族のある者に対して、次の区分により家族手当を支給する。

　(1)　配偶者　　　15,000円

　(2)　第一子　　　 5,000円

　(3)　第二子　　　 4,000円

　(4)　第三子以下（一人につき）　　 3,000円

2　扶養家族とは、社員の収入によって生計を維持している者をいう。

3　子は18歳未満の者とする。

（住宅手当）

第12条　世帯主の社員に対して、次の区分により住宅手当を支給する。

　(1)　借家居住者

　　　　扶養家族のある者　　 20,000円

　　　　扶養家族のない者　　 10,000円

　(2)　持家居住者

　　　　扶養家族のある者　　 10,000円

　　　　扶養家族のない者　　　 5,000円

（営業手当）

第13条　営業業務に携わる者に対して、営業手当を支給する。

　　　　（営業手当）本人の時間外勤務手当○○時間分に相当する額

（専門業務手当）

第14条　専門業務に携わる者に対して、専門業務手当を支給する。

（専門業務手当）本人の時間外勤務手当〇〇時間分に相当する額

（企画業務手当）

第15条　企画業務に携わる者に対して、企画業務手当を支給する。

（企画業務手当）本人の時間外勤務手当〇〇時間分に相当する額

（役付手当）

第16条　役職者に対して、次の区分により役付手当を支給する。

(1)　部長　　　80,000円

(2)　課長　　　40,000円

(3)　係長　　　20,000円

2　2つ以上の役職を兼務しているときは、上位の役付手当のみを支給する。

（通勤手当）

第17条　2km以遠から公共交通機関を利用して通勤する者に対して、定期券代の実費を支給する。ただし、非課税限度額をもって、支給限度額とする。

第4章　所定外給与

（時間外勤務手当）

第18条　時間外勤務を命令したときは、その時間数に応じて時間外勤務手当を支給する。

2　1時間当たりの時間外勤務手当の計算は、次による。

時間外勤務手当 ＝ ｛(所定内給与。ただし、家族手当、通勤手当を除く)／1か月平均所定勤務時間数｝×1.25

3　60時間を超える時間外勤務については、割増率は50％とする。

4　1か月の時間外勤務時間数の合計において1時間未満の端数があ

257

るときは、30分未満は切り捨て、30分以上は1時間に切り上げる。

（休日勤務手当）

第19条　休日勤務を命令したときは、その時間数に応じて休日勤務手当を支給する。

2　1時間当たりの休日勤務手当の計算は、次による。

休日勤務手当＝｛（所定内給与。ただし、家族手当、通勤手当を除く）／1か月平均所定勤務時間数｝×1.35

3　1か月の休日勤務時間数の合計において1時間未満の端数があるときは、30分未満は切り捨て、30分以上は1時間に切り上げる。

（深夜勤務手当）

第20条　深夜勤務（午後10時〜午前5時の勤務）を命令したときは、その時間数に応じて深夜勤務手当を支給する。

2　1時間当たりの深夜勤務手当の計算は、次による。

深夜勤務手当＝｛（所定内給与。ただし、家族手当、通勤手当を除く）／1か月平均所定勤務時間数｝×0.25

3　時間外勤務または休日勤務が深夜に及んだときは、時間外勤務手当または休日勤務手当と深夜勤務手当を併給する。

（時間外・休日勤務手当の不支給）

第21条　次の者に対しては、時間外勤務手当および休日勤務手当は、支給しない。

⑴　専門業務手当を支給されている者

⑵　企画業務手当を支給されている者

⑶　課長以上の役職者

⑷　役員専用車運転手

第5章　昇給

（昇給の時期）

第22条　昇給は、毎年4月に行う。ただし、業績が良好でないときは、行わないか、または時期を遅らせることがある。

（昇給の対象者）

第23条　昇給の対象者は、昇給の時期に在籍している者とする。ただし、原則として次に掲げる者は除く。

⑴　前年9月21日以降に採用された者

⑵　昇給算定期間における出勤日数が所定勤務日数の50％に満たない者。ただし、9月20以前に採用され、勤続1年に満たない者については、採用日以降の所定勤務日数を基準とする

⑶　昇給算定期間において、減給または出勤停止の懲戒処分を受けた者

⑷　昇給時期において、休職中の者

（昇給の算定期間）

第24条　昇給の算定期間は、前年3月21日から当年3月20日までとする。

（昇給の基準）

第25条　昇給は、算定期間における職務遂行能力、勤務態度および勤務成績を総合的に評価して決定する。

第6章　不就業の取り扱い

（欠勤控除）

第26条　欠勤したときの取り扱いは、次の区分による。

⑴　月給制の者については、給与は控除しない。

⑵　日給月給制の者については、所定内給与の日割り相当分を控除する。

259

（遅刻・早退・私用外出控除）

第27条　遅刻、早退または私用外出による不就業の取り扱いは、次の区分による。

　⑴　月給制の者については、給与は控除しない。

　⑵　日給月給制の者については、1日につき、10分未満は10分に切り上げ、10分を超え20分未満は10分に切り下げる時間計算により、所定内給与を控除する。

（休職）

第28条　休職中は、給与は支給しない。

2　給与計算期間の途中から休職する場合、または復職する場合は、勤務した日数に応じて所定内給与を日割り計算により支払う。

（途中採用・退職者の取り扱い）

第29条　給与計算期間の途中で採用された者および退職する者については、勤務した日数に応じて所定内給与を日割り計算により支払う。

2　退職者から請求があったときは、退職後7日以内に支払う。

（休業手当）

第30条　業務上やむを得ない事情により休業するときは、休業1日につき平均賃金の100分の60を支払う。ただし、地震その他不可抗力に基づく場合は、この限りではない。

（業務上の傷病による休職のとき）

第31条　業務上の傷病による休職期間については、給与を支払う。ただし、次に掲げる場合は、この限りではない。

　⑴　労災保険から休業補償を給付されたとき

　⑵　打切補償を受けたとき

第7章　賞与

（賞与の支給）

第32条　夏季と年末に賞与を支給する。ただし、業績が良好でないと

きは、支給しないことがある。

（支給対象者）

第33条　賞与は、支給日に在籍する者に支給する。ただし、次に掲げる者には支給しない。

⑴　夏季賞与については、１月21日以降、年末賞与については、７月21日以降に採用された者

⑵　賞与計算期間における出勤日数が所定勤務日数の３分の２に満たない者。ただし、夏季賞与については１月20日以前、年末賞与については７月20日以前に採用され、勤続６か月に満たない者については、採用日以降の所定勤務日数を基準とする。

2　前項の規定にかかわらず、会社が適当であると認めた者については、特別に支給することがある。

（支給日）

第34条　賞与の支給日は、その都度定める。

（計算期間）

第35条　賞与の計算期間は、次のとおりとする。

　　　　　　夏季賞与　　　前年12月１日〜当年５月31日

　　　　　　年末賞与　　　６月１日〜11月30日

（支給基準）

第36条　賞与の支給額は、計算期間における会社の業績を基準にし、各人の勤務成績および勤務態度を評価して決定する。

（付則）

この規程は、○○年○○月○○日から施行する。

第3部
退職金規程

第1章　総則
第2章　退職金の算定
第3章　退職金の支払い
第4章　解雇者の取り扱い等

第1章

総　　則

1　規程の目的

（目的）
第1条　この規程は、就業規則第43条に基づき、社員の退職金について定める。

【条項の作成・運用のポイント】

　社員の退職時に退職金を支給している会社が多い。この退職金について、労働基準法は、「使用者は、退職金制度を実施するときは、適用される労働者の範囲、退職金の決定、計算および支払の方法並びに退職金の支払の時期に関する事項を就業規則に記載しなければならない」と定めている（第89条）。

2　支給要件

（支給要件）
第2条　会社は、勤続満2年以上の社員が円満退職するときに、退職金を支給する。

【条項の作成・運用のポイント】

　退職金は、「在職中の業績に対する功労」という性格を持っている。仕事を通して会社の業績に貢献するには、業務上の知識や技術・技能をマスターしなければならないが、それには一定期間以上勤務する必要がある。

　仕事の内容にもよるが、業務上の知識や技術や技能を習得するには、数年は必要であろう。6か月や1年程度では、知識・技術・技能を習得して業績に貢献するのは、困難であろう。このため、勤続2、3年以上勤務した者に支給するのが妥当であろう。

第2章

退職金の算定

1 退職金の算定

（算定式）
第3条　退職金は、次の算定式によって算出する。
　　退職金＝退職時の基本給×支給率
（支給率）
第4条　支給率は、勤続年数を基準として定めるものとし、「別表（図表2－2）」のとおりとする。
2　勤続年数の計算において1年未満の端数があるときは、月割計算を行う。1か月未満の日数については、15日以上を1か月とし、14日以下は切り捨てる。

【条項の作成・運用のポイント】

(1) 退職金の算定方法

退職金の算定方法には、主として、図表に示すようなものがある。
これらのうち、「基礎給×支給率」という方式が広く採用されている。これは、
　・算定方式として合理的である

・社員に分かりやすい

・比較的簡単に設計できる

などのメリットがあるからであろう。

図表２−１　退職金の算定方法

①　退職時の基本給または所定内給与に、勤続年数別支給率を乗じて算定する（基礎給×支給率方式）
②　退職金算定のための特別給与に、勤続年数別の支給率を乗じて算定する（別テーブル方式）
③　あらかじめ、勤続年数別の金額を定めておく（定額方式）
④　「点数×単価」という算定式で算定する（ポイント方式）

(2)　基礎給の決め方

「基礎給×支給率」という方式を採用する場合、基礎給の決め方には、

・基本給

・基本給に一定率を掛けた額

・基本給に職務関連の手当（営業手当、役付手当など）を加えたもの

などがある。

基本給の全部またはその一定割合を基礎給として採用している会社が多い。

基本給は、給与の基本を構成するもので、仕事の内容、仕事のできる能力のレベル、仕事上の役割や責任の重さなどを評価して決められる。したがって、基本給を退職金算定の基礎とするのは、合理的・説得的といえる。

(3) 支給率の決め方

支給率の決め方には、

① 支給率の格差が勤続1年ごとに等差級数的に増加していく「一律増加型」（図表2－2）

② 支給率が数年ごとに段階的に大きくなる「段階的増加型」（図表2－3）

③ 勤続が長くなるにつれて、支給率格差が1年ごとに増大していく「累進的増加型」

④ 上記3つの型をいろいろと組み合わせた「混合型」

などがある。

なお、勤続30年、40年など一定の年数をもって、支給率の増加を頭打ちにしている会社もかなり見られる。

図表2－2 勤続年数別支給率表（一律増加型）

勤続年数	支給率	勤続年数	支給率	勤続年数	支給率
3	2.0	17	16.0	31	30.0
4	3.0	18	17.0	32	31.0
5	4.0	19	18.0	33	32.0
6	5.0	20	19.0	34	33.0
7	6.0	21	20.0	35	34.0
8	7.0	22	21.0	36	35.0
9	8.0	23	22.0	37	36.0
10	9.0	24	23.0	38	37.0
11	10.0	25	24.0	39	38.0
12	11.0	26	25.0	40	39.0
13	12.0	27	26.0	41	40.0
14	13.0	28	27.0	42	41.0
15	14.0	29	28.0	43	42.0
16	15.0	30	29.0	44	43.0

図表２－３　勤続年数別支給率表（段階的増加型）

勤続年数	支給率	勤続年数	支給率	勤続年数	支給率
3～5	4.0	18～20	18.0	33～35	33.0
6～8	6.0	21～23	21.0	36～38	36.0
9～11	9.0	24～26	24.0	39～41	39.0
12～14	12.0	27～29	27.0	42～44	42.0
15～17	15.0	30～32	30.0	45～47	45.0

2　自己都合退職の減額

（自己都合退職の減額）

第５条　自己都合で退職する者に対しては、第３条の算定式で算
　出される金額から次に掲げる率を減額する。

　　　　勤続５年未満　　　　　　　　15％

　　　　勤続５年以上10年未満　　　　10％

　　　　勤続10年以上15年未満　　　　5％

　　　　勤続15年以上　　　　　　　　0％

【条項の作成・運用のポイント】

　会社の立場からすると、社員は、できる限り長く勤務し、職場の戦
力として活躍してくれることが望ましい。社員が自己都合で辞める
と、補充者を採用しなければならないが、募集・採用には費用もかか
れば、時間もかかる。また、採用した者は、すぐには戦力にはならな
い。

　このようなことから、一定期間以下の自己都合退職については、退
職金の額を減額している会社が少なくない。

　自己都合退職者の取扱いを定める。

図表2−4　自己都合退職者の取り扱い

いっさい減額しない	
減額率を一律に決める	勤続20年以下の場合は、所定退職金を一律20%減額する
勤続年数別に減額率を決める	減額率を次のとおりとする。 勤続5年未満　　　　　　15% 勤続5年〜10年未満　　　10% 勤続10年〜15年未満　　　5% 勤続15年以上　　　　　　0%

3　功労加算

（功労加算）

第6条　在職中特に功労のあった者に対しては、第3条の算定式
　　で算出される金額の30%の範囲内で功労加算を行うことがある。

【条項の作成・運用のポイント】

　退職者の中には、在職中、営業、商品開発、技術開発、品質向上、あるいは業務の合理化・コストダウンなどの面において、著しい功労のあった者がいる。そのような者に対しては、所定の退職金の一定割合を上積み支給するのが望ましい。所定の退職金を支給するだけで済ませるというのは、人情味に欠ける。

　功労加算を行う場合には、その上限を定める。一般的には、退職金の30%程度の範囲内で功労金を支給するのが妥当である。

4　早期退職優遇制度

(1)　早期退職優遇制度の趣旨

　定年前の自己都合退職者を退職金の面で優遇する制度を「早期退職優遇制度」（選択定年制）という。

271

早期退職優遇制度は、会社にとって、

① 高齢化の進展に一定の歯止めを掛けることができる

② 人事ローテーションを活発化できる

③ 高齢社員の生活設計を支援できる

などのメリットが期待できる。

(2) 退職金の優遇方法

退職金の優遇には、実務的に、次のような方法がある。

図表2-5　退職金の優遇方法

① 年齢に応じて、所定退職金の一定割合を上積み支給する
② 年齢に応じて、所定内給与の一定月数分を上積み支給する
③ 年齢に応じて、一定額を上積み支給する
④ 定年（60歳）まで勤続したものとみなし、定年退職時の勤続年数に相応する支給率を適用して退職金を計算する

(注) いずれの場合も、勤続が一定年数以上の者に限る。

(3) 退職金規程の記載例

当然のことではあるが、優遇の内容に魅力が乏しいと、退職の申出はない。

また、業務上特に必要と認める者については、制度を適用しないものとする。

この制度を実施するときは、優遇の内容を記載する。

○早期退職優遇制度の記載例

（早期退職者の退職金）

第○条　定年前に自己都合で退職する者に対しては、退職日の年齢に応じて、次の額の退職金を支給する。ただし、勤続15年以上の者に限る。

50〜52歳	所定退職金の160％相当額
53〜55歳	所定退職金の140％相当額
56〜58歳	所定退職金の120％相当額

2　退職の申出は、毎年7月1日から8月31日まで受け付け、退職日は12月31日とする。

3　会社が業務上特に必要であると認める者については、第1項に定める上積みは行わない。

第3章

退職金の支払い

1　退職金の支払い

(支払方法)
第7条　退職金は、原則として、その全額を一時金として支払う。
　　ただし、事情によっては、分割して支払うことがある。
(支払手段)
第8条　退職金は、本人の同意を得て、本人が届け出た口座へ振り込むことによって支払う。
(支払時期)
第9条　退職金は、原則として、退職日から2週間以内に支払う。
　　ただし、次のいずれかに該当するときは、この限りではない。
　(1)　後任者との引き継ぎが十分でないとき
　(2)　会社の貸与品を返還しないとき
　(3)　会社の貸付金を返還しないとき
　(4)　その他退職に当たり会社の指示命令に従わないとき

【条項の作成・運用のポイント】

(1)　支払方法と支払時期

支払については、

・一括して支払う

・２回以上に分割して支払う

の２つがある。

退職金は、定年退職でも自己都合退職でも、できる限り早期に支払うことが望ましい。退職者も、早期の支払いを希望している。

(2)　支払の猶予

次の場合には、支払いを猶予する旨を明確にしておく。

①　後任者との引き継ぎが十分でないとき

②　会社の貸与品を返還しないとき

③　会社の貸付金を返還しないとき

④　その他退職に当たり会社の指示命令に従わないとき

2　死亡退職のとき

（死亡退職のときの取り扱い）

第10条　社員が死亡したときは、退職金は遺族に対して支払う。

2　遺族の範囲および順位は、労働基準法施行規則第42条から第45条までの規定を適用する。

3　支払いを受けるべき遺族に同順位者が２人以上いるときは、均等割とする。

【条項の作成・運用のポイント】

社員が死亡したときは、退職金は遺族に対して支払う。遺族の範囲および順位は、労働基準法施行規則第42条から第45条までの規定を適用する。

第4章

解雇者の取り扱い等

1 解雇者の取り扱い

> （解雇者の取り扱い）
> 第11条　懲戒処分によって解雇された者の退職金の取り扱いは、次のとおりとする。
> 　(1)　懲戒解雇のとき　　　支給しないことがある
> 　(2)　諭旨退職のとき　　　情状により、第3条の算定式で算出される額を減額する。

【条項の作成・運用のポイント】

懲戒解雇者については、
- 原則として退職金は支給しないことがある
- 諭旨退職（会社の退職勧奨に応じての退職）のときは、情状により減額して支給する

という取り扱いをするのが現実的であろう。

2 退職金の返還請求等

（退職金の返還請求）

第12条　退職者が次のいずれかに該当するときは、会社は、本人に対し、支払済みの退職金の全部または一部の返還を請求することがある。

　(1)　退職後に、在職中の懲戒解雇事由が発覚したとき

　(2)　会社の営業上の機密を他に漏らしたとき

　(3)　会社の許可なしに、会社と競合する事業を始めたとき、または会社と競合する会社に雇用されたとき

　(4)　その他前各号に準ずる行為のあったとき

（受給権の処分禁止）

第13条　社員は、この規程により退職金を受ける権利を譲渡し、または担保に供してはならない。

【条項の作成・運用のポイント】

(1)　退職金の返還請求

　退職者が次のいずれかに該当するときは、支払済みの退職金の全部または一部の返還を請求することがある旨明記する。

　①　退職後に、在職中の懲戒解雇事由が発覚したとき

　②　会社の営業上の機密を他に漏らしたとき

　③　会社の許可なしに、会社と競合する事業を始めたとき、または会社と競合する会社に雇用されたとき

　④　その他会社に不都合な行為のあったとき

(2)　受給権の処分禁止

　退職金を受ける権利を譲渡し、または担保に供してはならない旨明記する。

(まとめ)

退職金規程全文

　以上において紹介した退職金規程の条項を取りまとめて掲載すると、次のとおりである。

退職金規程

第1章　総則

(目的)
第1条　この規程は、就業規則第43条に基づき、社員の退職金について定める。
(支給要件)
第2条　会社は、勤続満2年以上の社員が円満退職するときに、退職金を支給する。

第2章　退職金の算定

(算定式)
第3条　退職金は、次の算定式によって算出する。
　　　　退職金＝退職時の基本給×支給率
(支給率)
第4条　支給率は、勤続年数を基準として定めるものとし、「別表」のとおりとする。

2 勤続年数の計算において1年未満の端数があるときは、月割計算を行う。1か月未満の日数については、15日以上を1か月とし、14日以下は切り捨てる。

（自己都合退職の減額）

第5条 自己都合で退職する者に対しては、第3条の算定式で算出される金額から次に掲げる率を減額する。

勤続5年未満	15％
勤続5年以上10年未満	10％
勤続10年以上15年未満	5％
勤続15年以上	0％

（功労加算）

第6条 在職中特に功労のあった者に対しては、第3条の算定式で算出される金額の30％の範囲内で功労加算を行うことがある。

第3章　退職金の支払い

（支払方法）

第7条 退職金は、原則として、その全額を一時金として支払う。ただし、事情によっては、分割して支払うことがある。

（支払手段）

第8条 退職金は、本人の同意を得て、本人が届け出た口座へ振り込むことによって支払う。

（支払時期）

第9条 退職金は、原則として、退職日から2週間以内に支払う。ただし、次のいずれかに該当するときは、この限りではない。

(1) 後任者との引き継ぎが十分でないとき

(2) 会社の貸与品を返還しないとき

(3) 会社の貸付金を返還しないとき

(4) その他退職に当たり会社の指示命令に従わないとき

（死亡退職のときの取り扱い）

第10条　社員が死亡したときは、退職金は遺族に対して支払う。

2　遺族の範囲および順位は、労働基準法施行規則第42条から第45条までの規定を適用する。

3　支払いを受けるべき遺族に同順位者が2人以上いるときは、均等割とする。

第4章　解雇者の取り扱い等

（解雇者の取り扱い）

第11条　懲戒処分によって解雇された者の退職金の取り扱いは、次のとおりとする。

　(1)　懲戒解雇のとき　　　　支給しないことがある

　(2)　諭旨退職のとき　　　　情状により、第3条の算定式で算出される額を減額する。

（退職金の返還請求）

第12条　退職者が次のいずれかに該当するときは、会社は、本人に対し、支払済みの退職金の全部または一部の返還を請求することがある。

　(1)　退職後に、在職中の懲戒解雇事由が発覚したとき

　(2)　会社の営業上の機密を他に漏らしたとき

　(3)　会社の許可なしに、会社と競合する事業を始めたとき、または会社と競合する会社に雇用されたとき

　(4)　その他前各号に準ずる行為のあったとき

（受給権の処分禁止）

第13条　社員は、この規程により退職金を受ける権利を譲渡し、または担保に供してはならない。

（付則）

　この規程は、○○年○○月○○日から施行する。

（別表）　支給率表

勤続年数	支給率	勤続年数	支給率	勤続年数	支給率
2	1.5	17	19.5	32	35.0
3	2.0	18	21.0	33	35.5
4	2.5	19	22.5	34	36.0
5	3.0	20	23.5	35	36.5
6	4.0	21	25.0	36	37.0
7	5.0	22	26.0	37	37.5
8	6.0	23	27.0	38	38.0
9	7.5	24	28.0	39	38.5
10	9.0	25	29.0	40	39.0
11	10.5	26	30.0	41	39.5
12	12.0	27	31.0	42	40.0
13	13.5	28	32.0	43	40.0
14	15.0	29	33.0	44	40.0
15	16.5	30	34.0		
16	18.0	31	34.5		

第4部
パートタイマー
就業規則

第1章　総則
第2章　採用時の手続き
第3章　雇用期間、退職および解雇
第4章　服務規律
第5章　勤務時間、休日および休暇
第6章　給与
第7章　安全衛生および災害補償
第8章　表彰および懲戒

第1章

総　　則

1　就業規則の目的

> （目的）
> 第1条　この規則は、パートタイマーの労働条件および服務規律について定める。

【条項の作成・運用のポイント】

(1)　パートタイマー用の就業規則の作成

　パートタイマーへの就業規則の適用については、「正社員の就業規則を適用する」という方法も考えられる。しかし、実際問題としてパートタイマーと正社員とでは、労働条件が相当異なる。

　例えば、正社員は、期間の定めのない雇用が一般的であるが、パートタイマーは、雇用期間が6か月とか1年というように限定されている。また、正社員は、週5日・1日8時間勤務が普通であるが、パートタイマーの場合は、1週の勤務日数または1日の勤務時間が短いケースが多い。

　このため、正社員の就業規則の適用には一定の限界がある。

　年間を通してパートタイマーを雇用している会社は、パートタイ

マー専用の就業規則を作成し、その内容をパートタイマーに周知することが望ましい。

(2)　就業規則の記載事項

パートタイマーの一般的な業務内容および勤務形態を考慮すると、就業規則には、次の事項を記載するのが適切であろう。

① 採用手続きに関する事項

② 雇用期間に関する事項

③ 勤務時間、休憩時間、休日、休暇に関する事項

④ 給与に関する事項

⑤ 退職・解雇に関する事項

⑥ 安全衛生に関する事項

⑦ 災害補償に関する事項

⑧ 表彰・懲戒に関する事項

就業規則のうち、パートタイマーの関心の高いものは、給与である。給与について、給与形態、時間給の決定基準、支払方法、計算期間、控除の費目、昇給、手当の種類・金額、欠勤・遅刻の取り扱いなどを明記する。

2　法令との関係

（法令との関係）

第2条　労働条件についてこの規則に定めのない事項は、労働基準法その他の法令の定めるところによる。

【条項の作成・運用のポイント】

パートタイマーも「労働者」であるから、労働基準法はもとより、労働安全衛生法、労働契約法、男女雇用機会均等法、高年齢者雇用安

定法、育児・介護休業法など、労働関係法令のすべてが適用される。パートタイマーの労働条件の向上を目的とした改正パートタイム・有期雇用労働法も施行されます。

パートタイマーの労働条件は、法令を踏まえたものでなければならない。

労働条件をすべて就業規則に盛り込むと、就業規則が膨大となり、使い勝手が悪くなる。このため、就業規則においては主要なもののみ記載し、「就業規則に記載のないものは法令の定めるところによる」という条項を置く。

3　遵守の義務

（遵守の義務）
第3条　パートタイマーは、この規則を誠実に遵守し、他の社員とよく協力協調して業務を遂行しなければならない。

【条項の作成・運用のポイント】

規則を作成したからには、それが遵守されることが必要である。

例えば、就業規則において「始業・午前9時、終業午後6時」と定めたときは、午前9時から午後6時まで整然と業務が遂行されなければならない。また、「作業中は制服・制帽を着用しなければならない」と定めたときは、制服・制帽を着用して職場に入場し、作業を行うことが必要である。

パートタイマーに対し、就業規則を誠実に遵守して勤務することを求める。

第2章

採用時の手続き

1 労働条件の明示

> （労働条件の明示）
> 第4条　会社は、採用した者に対して、雇用期間、勤務時間および給与等の主要な労働条件を文書により明示する。

【条項の作成・運用のポイント】

　パートタイム労働法は、「事業者は、パートタイマーを雇い入れたときは、速やかにその者に対して主要な労働条件を文書の交付その他の方法によって明示しなければならない」と定めている（第6条第1項）。

　このため、雇用期間、勤務時間および給与などの労働条件を記載した書面を交付する。

様式例２－１　パートタイマーの労働条件通知書

○○年○○月○○日

○○○○様

人事部長

労働条件通知書

仕事の内容	
就業場所	
給与の形態・額	時間給○○○円
給与の締切日・支払日	20日締切り、25日支払い
給与からの控除	所得税、住民税、社会保険料
給与の支払方法	口座振込み
昇給	４月
通勤手当	支給。ただし、月額○万円まで
賞与	会社業績により、７月および12月に支給
勤務時間	午前○時～午後○時（途中休憩45分）
休日	
年次有給休暇	労働基準法の定めるところによる
雇用期間	○○年○○月○○日～○○年○○月○○日
雇用期間の延長	あり
その他	

以上

２　提出書類

（提出書類）

第５条　採用された者は、採用後２週間以内に次の書類を提出しなければならない。

(1)　身上調書

(2)　住民票記載事項証明書

(3)　身元保証書

　(4)　マイナンバー届出書

　(5)　その他会社が提出を求めた書類

2　前項の提出を怠ったときは、採用を取り消すことがある。

3　会社に届け出た事項について異動が生じたときは、速やかに
　届け出なければならない。

（身元保証人の条件）

第6条　身元保証人は、会社の近辺に居住し、かつ、経済力のあ
　る者でなければならない。

（個人情報の利用）

第7条　会社は、本人から取得した個人情報は、次の目的に限っ
　て利用し、それ以外の目的では使用しない。

　(1)　人事管理および給与管理

　(2)　税および社会保険の事務

【条項の作成・運用のポイント】

(1)　提出書類

　採用後の人事管理・給与管理を適正に行っていくため、一定の書類
の提出を求める。一般的な提出書類は、次のようなものであろう。

　①　身上調書

　②　住民票記載事項証明書

　③　身元保証書

　④　マイナンバー届出書

　書類の提出期限を定めるとともに、期限内に提出されないときは採
用を取り消すことがある旨を明記する。

⑵　身元保証人の条件

　パートタイマーは、一般的には、補助的・定型的な業務を担当する。このため、会社に重大な損害を与えることは考えにくいが、念のため身元保証人を立てさせるのが賢明であろう。

　身元保証人は、

①　会社の近辺に居住していること

②　経済力のあること

という2つの条件を満たす者とする。

⑶　個人情報の利用

　本人から取得した個人情報は、次の目的に限って利用し、それ以外の目的では使用しないことを明記する。

①　人事管理および給与管理

②　税および社会保険の事務

第3章

雇用期間、退職および解雇

1　雇用期間

(雇用契約の期間)
第8条　雇用契約の期間は1年以内とし、個人別に定める。
(雇用契約満了日までの勤務義務)
第9条　パートタイマーは、雇用契約で定めた期間が満了するまで誠実に勤務しなければならない。
(継続雇用の申出)
第10条　パートタイマーは、雇用期間満了後も継続して勤務することを希望するときは、満了日の2週間前までに申し出なければならない。
(雇用契約の更新)
第11条　業務上必要であるときは、次の事項を評価したうえで雇用契約を更新し、雇用期間を延長する。
　(1)　勤務成績（仕事の正確さ、仕事の迅速さ）
　(2)　職務遂行能力
　(3)　勤務態度（協調性、規律性、積極性、責任性）

（雇用契約更新の通知）

第12条　会社は、雇用契約の更新を決めたときは、速やかに通知する。

（最高雇用年齢）

第13条　雇用年齢の上限は、満65歳とする。

【条項の作成・運用のポイント】

(1)　雇用期間

　パートタイマーについて、「期間の定めのある雇用」とするか、「期間の定めのない雇用」とするかは、各社の自由である。期間の定めのない雇用については、

　・労働力が固定化する

　・解雇が厳しく制限される

などの問題がある。

　このため、期間を限って雇用し、必要に応じて雇用契約を更新するという方法を採用するのが現実的であろう。

(2)　契約期間満了日までの勤務義務

　雇用契約において雇用期間を定めた以上、パートタイマーは、契約満了日まで勤務する義務を負う。途中で退職されると、要員が不足し、業務に支障が生じる。

　このため、採用を決めたときは、「契約期間満了日まで誠実に勤務すること」を確約させる。

(3)　雇用契約更新の基準

　業務上、なおパートタイマーの雇用が必要であるときは、次の事項を評価したうえで雇用契約を更新し、雇用期間を延長する。

① 勤務成績（仕事の正確さ、仕事の迅速さ）

② 職務遂行能力

③ 勤務態度（協調性、規律性、積極性、責任性）

(4) 雇用期間満了の通知と継続雇用の申請

　パートタイマーの要員管理を円滑に行うという観点からすると、

　・雇用期間満了の１か月程度前に満了日を通知する

　・本人が継続雇用を希望するときは、継続雇用申請書を提出させる

という方式を採用するのがよい。

様式例３－１　雇用期間満了の通知

```
                                            ○○年○○月○○日
○○部○○課○○○○様
                                                    人事部長
                    雇用期間満了のお知らせ
 あなたの雇用期間は、次のとおり満了となるのでお知らせします。
    （満了日）○○年○○月○○日
                                                      以上
（注）継続雇用を希望するときは、満了日の２週間前までに継続雇用申請
    書を提出してください。
```

様式例３－２　継続雇用申請書

```
                                            ○○年○○月○○日
 人事部長殿
                                      ○○部○○課○○○○印
                      継続雇用申請書
 次のとおり雇用期間が満了となりますが、引き続き雇用されることを申請
します。
    （満了日）○○年○○月○○日
                                                      以上
```

⑸ **最高雇用年齢**

　パートタイマーについても、最高雇用年齢を定めるのが現実的であろう。最高雇用年齢は、高年齢者雇用安定法の定めるところにより「65歳」とする。

2　無期雇用への転換

（無期雇用への転換）

第14条　５年以上継続雇用された者が申し出たときは、期間の定めのない雇用に転換させる。

２　契約と契約との間に６か月以上の空白期間があるときは、空白期間の前の雇用期間は継続雇用の期間には通算しない。

（無期雇用への転換後の労働条件）

第15条　期間の定めのない雇用に転換した場合、身分、職務内容および給与その他の労働条件は、転換前と同一とする。

【条項の作成・運用のポイント】

⑴ **有期雇用から無期雇用への転換**

　労働契約法は、有期雇用（期間の定めのある雇用）から無期雇用（期間の定めのない雇用）への転換について、次のように定めている（第18条第１項・第２項）。

　① 雇用契約の更新により、５年を超えて継続的に雇用されている労働者が、現に締結している雇用契約が満了する日までに「期間の定めのない雇用契約の締結」を申し出た場合には、使用者はその申出を承諾したものとみなす

　② 有期雇用契約とその次の有期雇用契約の間に６か月以上の空白期間（クーリング期間）があるときは、前の契約期間を通算しない

295

③　期間の定めのない雇用契約に転換させた場合の労働条件は、そ
　れまでの労働条件と同一とする

　労働契約法の規定を踏まえ、無期雇用への転換について、就業規則
に明記する。

(2)　**本人の申出による転換**

　無期雇用への転換は、本人の申出をもとにして行わなければならない。本人の申出がないのに、会社の判断で一方的に行うべきものではない。

様式例3－3　無期雇用への転換申出書

○○年○○月○○日 人事部長殿 　　　　　　　　　　　　　　　　　　　○○部○○課○○○○印 　　　　　　　　　　無期雇用への転換申出書 現在の雇用契約が満了した後に無期雇用に転換することを申し出ます。 （現在の雇用契約の満了日）○○年○○月○○日 　　　　　　　　　　　　　　　　　　　　　　　　　　　　以上

(3)　**無期雇用へ転換後の労働条件**

　期間の定めのない雇用に転換した場合、身分、職務内容、勤務時間、休日および給与その他の労働条件は、転換前と同一とする。

3　雇止め

（雇止めの通知） 第16条　1年を超えて継続雇用した者について、業務上の都合により契約を更新しないことにしたときは、雇用契約満了日の30日前までに通知する。

【条項の作成・運用のポイント】

　パートタイマーにとって、雇用契約が更新されるか更新されないかは、きわめて重要な問題である。更新されなければ、新しい勤務先を探さなければならないが、自分に適した勤務先を探すのには一定の時間を要する。

　雇止めについて、厚生労働省では、「雇用契約を３回以上更新し、または１年を超えて継続雇用している者について、契約を更新しないことにしたときは、雇用契約満了日の30日前までに通知しなければならない」と定めている（「有期労働契約の締結、更新および雇止めに関する基準」第１条）。

　このため、就業規則に「１年を超えて継続雇用した者について、業務上の都合により契約を更新しないことにしたときは、雇用契約満了日の30日前までに通知する」と記載する。

様式例３－４　雇止め通知書

○○年○○月○○日

○○部○○課○○○○様

人事部長

雇用期間満了のお知らせ

あなたの雇用期間は、次のとおり満了となります。これまでは雇用期間を延長させてきましたが、今回は会社の都合により、延長しないことになりました。悪しからずご了承ください。長期にわたる勤務に感謝申し上げます。

　（満了日）○○年○○月○○日

以上

4　退職

（退職）

第17条　パートタイマーが次のいずれかに該当するときは、退職

とする。

(1) 雇用期間が満了したとき

(2) 退職届を提出し、会社がこれを受理したとき

(3) 死亡したとき

(退職届の提出)

第18条　退職を希望するときは、14日前までに退職届を提出しなければならない。

【条項の作成・運用のポイント】

　退職の事由は、一般に、雇用期間の満了、自己都合退職および死亡であろう。雇用期間が満了したときは、自動的に退職となる。

　雇用期間を定めた場合、期間満了日まで勤務する義務があるが、満了日前に本人が退職を申し出たときは、これを認めざるを得ないであろう。満了日までの勤務を強要するのは現実的には無理であろう。

5　解雇

(解雇)

第19条　パートタイマーが次のいずれかに該当するときは、30日前に予告するか、または給与の30日分を支払い、解雇する。

(1) 精神または身体の障害によって、業務に耐えないと認められるとき

(2) 能率が著しく劣り、改善の見込みがないとき

(3) 勤務成績、勤務態度が著しく悪いとき

(4) 経営上の理由により、雇用の必要がなくなったとき

【条項の作成・運用のポイント】

⑴　解雇の事由

　解雇には、普通解雇と懲戒解雇とがある。懲戒解雇については、「表彰および懲戒」の章で記載することとし、ここでは普通解雇について記載する。普通解雇の事由としては、次のようなものが考えられる。

① 　精神または身体の障害によって、業務に耐えないと認められるとき

② 　能率が著しく劣り、改善の見込みがないとき

③ 　勤務成績、勤務態度が著しく悪いとき

④ 　経営上の理由により、雇用の必要がなくなったとき

⑵　解雇の予告

　解雇の手続きについて、労働基準法の規定を踏まえ、「30日前に予告するか、または給与（あるいは、平均賃金）の30日分を支払う」と定める。

第4章

服務規律

1　服務上の心得

（業務遂行上の基本的心得）

第20条　パートタイマーは、次の事項を誠実に遵守し、業務に精励しなければならない。
　(1)　会社の指示命令および規則を守ること
　(2)　職場の和を重視し、上司、同僚とよく協力・協調して業務を遂行すること
　(3)　指示された業務は、責任をもって遂行すること
　(4)　業務の遂行において判断に迷うときは、独断専行することなく、上司の意見を求めること
　(5)　勤務時間中は業務に精励し、私語・雑談は慎むこと
　(6)　業務の遂行中にトラブル、異常または事故が生じたときは、直ちに上司に報告し、対応策について指示を求めること
　(7)　常に業務遂行能力の向上、能率と品質の向上に努めること

（職場での遵守事項）

第21条　職場においては、次の事項を遵守しなければならない。
　(1)　勤務時間中は、みだりに職場を離れないこと

(2) 勤務時間中は、所定の制服を着用し、胸部にネームプレートを付けること

(3) 作業の安全に努めること

(4) 会社の設備、機械、器具および備品を私的に使用しないこと

(5) 職場の整理整頓に努めること

(6) 職場に私物を持ち込まないこと

(7) 火気の取り扱いには、十分注意すること

(8) 会社の施設内において、政治活動、市民活動その他業務に関係のない活動をしないこと

(9) その他前各号に準ずる不都合なことをしないこと

（喫煙）

第22条　喫煙は、所定の場所で行わなければならない。

（セクハラ等の禁止）

第23条　他の社員に対して、次に掲げることをしてはならない。

(1) 性的な嫌がらせ

(2) 妊娠・出産に関する嫌がらせ

(3) 職務上の地位または関係を利用した嫌がらせ

【条項の作成・運用のポイント】

　会社の業務は、組織的・効率的に行われることが必要である。そのためには、職場において一定の秩序が維持されていなければならない。社員一人ひとりの職務遂行能力のレベルがどれほど高くても、職場の秩序が確立されていないと、業務は効率的に行われない。業務の効率性が良くなければ、激しい競争社会から脱落せざるを得ない。

　職場の秩序を形成・維持するために、社員が業務の遂行に当たって守るべき事項（服務心得）を定めるのがよい。

服務心得を定め、その周知徹底を図ることの重要性は、いくら強調しても強調しすぎることはない。

2　出退勤の心得

（出退勤の心得）

第24条　出退勤について、次の事項を守らなければならない。

　⑴　始業時刻前に出勤し、始業時刻から業務を開始できるように準備すること

　⑵　自らタイムカードを打刻すること

　⑶　業務が終了したときは、直ちに職場を離れること

2　マイカーによる通勤は、認めない。

【条項の作成・運用のポイント】

⑴　出退勤のルール

職場の秩序の維持という観点から、出退勤について一定のルールを定めるのが現実的である。

モデル条項のほか、次のような事項を記載することも考えられる。

・出勤および退勤は、所定の通用門から行うこと

・出勤に際し、日常の携帯用品のほかは持ち込まないこと。持ち込むときは、あらかじめ会社に届け出ること

・出勤および退勤に当たっては、IDカード（または、身分証明書）を警備員に提示すること

⑵　マイカー通勤の取り扱い

マイカー通勤については、「事故を起こす危険性がある」「駐車スペースを用意できない」などの理由で、認めていない会社が多い。

3　欠勤・遅刻・早退の手続き

（欠勤、遅刻および早退）

第25条　欠勤、遅刻および早退をしてはならない。

2　欠勤、遅刻または早退をするときは、あらかじめ届け出なければならない。やむを得ない事情で事前に届け出ることができないときは、事後速やかに届け出なければならない。

3　病気による欠勤が3日以上に及ぶときは、届出に医師の診断書を添付しなければならない。

4　公共交通機関の遅延その他、本人の責めによらない遅刻については、遅刻として取り扱わないことがある。

【条項の作成・運用のポイント】

⑴　事前の届け出

　パートタイマーが欠勤、遅刻または早退をすると、それだけ人手が不足し、業務に支障が生じる。しかし、事前に届け出があれば、一定の対策を講じ、業務への影響を最小限に留めることができる。

　このため、欠勤、遅刻または早退をするときは、事前に届け出ることを義務付ける。やむを得ない事情で事前の届け出ができないときは、事後速やかに届け出ることを求める。

⑵　医師の診断書の提出

　欠勤が連続すると、業務への影響が大きくなる。

　欠勤が一定日数以上に及ぶときは、医師の診断書を提出することを求める。

303

第5章

勤務時間、休日および休暇

1 勤務時間、休憩および休日

（勤務時間・始業・終業時刻）
第26条　1日の勤務時間は8時間以内とし、始業および終業時刻は個人別に定める。
2　始業時刻前に出社し、始業時刻から直ちに業務を開始しなければならない。
3　終業時刻まで業務を遂行しなければならない。
（休憩時間）
第27条　休憩時間は、次のとおりとし、その時間帯は個人別に定める。
　(1)　勤務時間が6時間を超えるとき　　45分
　(2)　勤務時間が8時間を超えるとき　　1時間
（休日）
第28条　休日は、週に1日以上とし、個人別に定める。
（時間外・休日勤務）
第29条　業務上必要があるときは、所定勤務時間の前後または休日に勤務させることがある。

【条項の作成・運用のポイント】

(1) 勤務時間・始業・終業時刻

パートタイマーの多くは、主婦である。このため、家事・育児など
の関係で、「この時間帯は働けない」「この時間帯は働きたくない」と
いう者が多い。「1日24時間、いつでも、また何時間でも働ける」と
いう者は、現実問題として少ないであろう。

勤務時間は、本来的に、業務の都合で会社側が決定するものである
が、会社の都合に強くこだわると、必要な人員を確保できない可能性
がある。必要な人員を採用するためには、応募者の意向に十分配慮し
なければならない。

したがって、就業規則においては、「1日の勤務時間は8時間以内
とし、始業および終業時刻は個人別に定める」と記載し、各人の意向
を尊重して勤務時間を決めることにするのが現実的である。

(2) 休憩時間

休憩時間の長さは、労働基準法で次のように決められている。

　　　勤務時間が6時間を超えるとき➡45分
　　　勤務時間が8時間を超えるとき➡1時間

この時間を個人別に与える旨定める。

(3) 休日

休日についても、勤務時間と同様の理由から「休日は、週に1日以
上とし、個人別に定める」と記載する。

(4) 時間外・休日勤務

時間外勤務、休日勤務について、「業務上必要があるときは、所定
勤務時間の前後または休日に勤務させることがある」と記載しておく

305

とよい。

2　年次有給休暇

（年次有給休暇）

第30条　6か月以上継続して勤務し、かつ所定勤務日数の8割以上出勤したときは、次の表に定める日数の年次有給休暇を与える。

	週5日以上勤務	4日勤務	3日勤務	2日勤務	1日勤務
勤続6か月	10	7	5	3	1
勤続1年6か月	11	8	6	4	2
勤続2年6か月	12	9	6	4	2
勤続3年6か月	14	10	8	5	2
勤続4年6か月	16	12	9	6	3
勤続5年6か月	18	13	10	6	3
勤続6年6か月	20	15	11	7	3

2　年次有給休暇を取得したときは、通常の勤務時間勤務したものとみなす。

3　年次有給休暇を取得するときは、前日までに届け出なければならない。

4　年次有給休暇のうち5日を除く日数については、計画的に与えることがある。

（年次有給休暇の時季指定付与）

第31条　年次有給休暇の日数が10日以上の者については、付与日から1年以内に5日については時季を指定して与える。ただし、本人の時季指定または計画的付与制度により付与した日数があるときは、その日数を控除する。

【条項の作成・運用のポイント】

(1) 年次有給休暇の付与

　労働基準法は、6か月以上継続勤務し、かつ、所定勤務日数の8割以上勤務した者に対して年休を与えることを定めている。パートタイマーの年休の日数は、週の勤務日数に応じて決められている。

　パートタイマーの場合、1日の勤務時間は、人によって異なる。長い人もいれば、短い人もいる。年休を取得したときは、そのパートタイマーが通常働いている時間勤務したものとみなし、その時間数に応じた給与を支払う。

　例えば、勤務時間5時間、時間給1,000円の者が年休を取得したときは、次の金額を支払う。

　　　支払額➡1,000×5＝5,000円

(2) 年次有給休暇の時季指定付与

　労働基準法は、年次有給休暇の取得状況を改善するため「年次有給休暇の日数が10日以上の者については、付与日から1年以内に5日については時季を指定して与えなければならない。ただし、本人の時季指定または計画的付与制度により付与した日数があるときは、その日数を控除する」と定めている（第39条第7・第8項）。

　この規定は、パートタイマーにも適用される。また、この規定に違反すると、罰則を科せられる。

　年休の取得状況が良くない者については、時季を見計らって、日にちを指定して年休を与えることが必要である。

3　看護休暇・介護休暇等

（看護休暇）

第32条　小学校入学前の子を養育する者は、その子の負傷・疾病等の世話をするための看護休暇を取得できる。

2　看護休暇の日数は、1年度（4月〜翌年3月）につき5日（子が2人以上の場合は、10日）とする。

3　看護休暇は、1日単位のほか、半日単位でも取得できる。

4　看護休暇は、無給とする。

（介護休暇）

第33条　介護を必要とする家族を有する者は、その家族の介護その他の世話をするための介護休暇を取得できる

2　介護休暇の日数は、1年度（4月〜翌年3月）につき5日（対象家族が2人以上の場合は、10日）とする。

3　介護休暇は、1日単位のほか、半日単位でも取得できる。

4　介護休暇は、無給とする。

（生理休暇）

第34条　生理日の就業が著しく困難な者が請求したときは、必要な日数の休暇を与える。

2　生理休暇は、半日単位または時間単位で請求することができる。

3　生理休暇は、無給とする。

【条項の作成・運用のポイント】

(1)　看護休暇の取得

育児・介護休業法は、次のように定めている。

①　小学校入学前の子を養育する労働者は、事業主に申し出ること

により、その子の負傷・疾病等の世話をするための看護休暇を取
得することができる

② 看護休暇の日数は、1年度（4月～翌年3月）につき5日（子
が2人以上の場合は、10日）とする

③ 看護休暇は、1日単位のほか、半日単位でも取得できる

この規定は、パートタイマーにも適用される。このため、就業規則
において、育児休暇の取り扱いを記載する。

⑵ **介護休暇の取得**

育児・介護休業法は、次のように定めている。

① 介護を必要とする家族を有する労働者は、事業主に申し出るこ
とにより、その家族の介護その他の世話をするための介護休暇を
取得することができる

② 介護休暇の日数は、1年度（4月～翌年3月）につき5日（対
象家族が2人以上の場合は、10日）とする

③ 介護休暇は、1日単位のほか、半日単位でも取得できる

この規定は、パートタイマーにも適用される。このため、就業規則
において、介護休暇の取り扱いを記載する。

第6章

給　与

1　時間給の決定基準と支払い

（給与の形態と決定基準）

第35条　給与は、時間給とし、勤務した時間数に応じて支払う。

2　時間給は、次に掲げる事項を総合的に勘案して個人別に決定する。

　(1)　仕事の内容

　(2)　仕事の能力

　(3)　仕事の成績

　(4)　勤務時間帯、勤務時間数

　(5)　勤続年数

　(6)　その他

（計算期間・支払日）

第36条　給与の計算期間は、前月21日から当月20日までとし、25日に支払う。当日が休日に当たるときは、その前日に支払う。

（支払方法）

第37条　給与は、本人の同意を得て、本人が届け出た口座に振り込むことによって支払う。

2　口座は、本人名義のものに限る。

(控除)

第38条　給与の支払いに当たり、次のものを控除する。

　(1)　所得税、住民税

　(2)　社会保険料の本人負担分

　(3)　労働組合と協定したもの

(通勤手当)

第39条　2km以遠から電車またはバスを利用して通勤する者に
　　　対しては、定期券代の実費を支払う。

【条項の作成・運用のポイント】

(1)　給与の形態

パートタイマーについては、

　①　正社員に比較して勤務時間が短い

　②　個人的な都合で勤務時間数が月によって異なることが多い

　③　欠勤・遅刻・早退等の不就業時間の取り扱いが便利である

などの理由から、時間給制が広く採用されている。

(2)　時間給の決定基準

時間給は、次のものを総合的に評価して決めるのが現実的・合理的
である。

・仕事の内容（難しさ、責任の重さ、その他）

・仕事の能力

・仕事の成績（仕事の速さ、正確さ）

・勤務時間帯、勤務時間数

・勤続年数

・その他（世間相場等）

職種ごと、地域ごとに、一定の世間相場が形成されている。募集・採用に当たっては、世間相場に十分配慮しなければならない。

(3) 諸手当

時間給のほかに手当を支給するときは、その名称、支給基準および支給額を定める。どのような手当を支給するか、金額をいくらとするかは、もとより各社の自由である。時間給以外には手当を支給していない会社も少なくない。

2 時間外・休日勤務手当

（時間外勤務手当）

第40条　契約時間を超えて勤務させたときは、時間外勤務手当を支払う。1時間当たりの時間外勤務手当は、次のとおりとする。

(1) 契約時間を超え、1日8時間以下の時間　　時間給相当額

(2) 1日8時間を超える部分　　時間給×1.25

（休日勤務手当）

第41条　休日に勤務させたときは、休日勤務手当を支払う。1時間当たりの休日勤務手当は、次のとおりとする。

(1) 月曜～金曜日　　時間給×1.25

(2) 土曜・日曜日　　時間給×1.35

【条項の作成・運用のポイント】

(1) 時間外勤務手当

仕事が忙しいときや人手が不足しているときは、契約時間を超える勤務を命令せざるを得ない。契約時間を超えて勤務させたときは、時間外勤務手当を支払う。1時間当たりの時間外勤務手当は、次のとおりとするのが適切である。

契約時間を超え、1日8時間以下の時間の場合➡時間給相当額

1日8時間を超える部分➡時間給×1.25

⑵　**休日勤務手当**

　休日に勤務させたときは、休日勤務手当を支払う。1時間当たりの休日勤務手当は、例えば、次のとおりとする。

月曜～金曜日➡時間給×1.25

土曜・日曜日➡時間給×1.35

3　欠勤・遅刻等の控除

（欠勤、遅刻等の控除）

第42条　欠勤した日については、給与は支払わない。

2　遅刻、早退または私用外出等によって勤務しない時間があっ
　たときは、日々の不就業時間を1か月総計し30分単位の切り上
　げ・切り捨て併用方式により処理する。そのうえで、不就業時
　間に相応する時間給を控除する。

【条項の作成・運用のポイント】

欠勤したときは、時間給は支払わない。

遅刻・早退・私用外出による不就業の取り扱いについては、実務的に、主として次の2つがある。

①　5分または10分の時間単位による切り上げ・切り捨て併用方式
　（5分単位の場合、3分の遅刻➡5分、7分の遅刻➡5分）により、日々の不就業時間を確定し、その時間を1か月総計する。そして、その総計時間に相当する額を給与から控除する。

②　毎日の遅刻等の時間を1か月総計し、その総計時間を30分単位
　の切り上げ・切り捨て併用方式により、処理する（総計28分➡30

313

分、総計51分➡30分）。そして、その時間に対応する給与を控除する。

4　昇給

（昇給）

第43条　昇給は、毎年4月に、各人の勤務態度、仕事の能力および仕事の成績を評価して行う。ただし、4月1日時点で勤続3か月以下の者に対しては行わない。

2　前項の規定にかかわらず、業績が良好でないときは、昇給を行わないことがある。

【条項の作成・運用のポイント】

(1)　昇給制度の効果

　昇給を行うべき義務はない。昇給を行うか行わないかは、あくまでもそれぞれの会社の自由である。しかし、

①　勤続が長くなるにつれて仕事に習熟し、能力が向上する。仕事を迅速、かつ正確に遂行できるようになる

②　勤労意欲の向上を図れる

③　正社員については、定期昇給制度が行われている

などを考慮すると、時間給を定期的、あるいは随時引き上げることが望ましい。

(2)　昇給の方法

　昇給の方法には、

・全員同額または同率に引き上げる

・一人ひとりについて、勤務態度、能力および成績を評価して、引き上げ額を決める

の2つがある。

「仕事への取組み姿勢を高める」「能力向上の動機づけを図る」という観点からすると、パートタイマーの一人ひとりについて、勤務態度（協調性、規律性、その他）、能力および成績（仕事の正確さ・速さ）を公正に評価して、時間給の引き上げ額を決めるのが合理的である。

パートタイマーの昇給用の人事考課表➡様式例6－1

5　賞与

（賞与の支給）

第44条　7月および12月の年2回、賞与を支給する。ただし、業績が良好でないときは、支給しないことがある。

2　賞与の支給対象者は、次のいずれにも該当する者とする。

(1)　支給日当日在籍していること

(2)　支給日当日までに3か月以上勤務していること

【条項の作成・運用のポイント】

(1)　**賞与制度の効果**

パートタイマーに賞与を支給すべき義務はない。支給するか支給しないかは、あくまでもそれぞれの会社の自由である。しかし、パートタイマーの雇用管理において一定の効果が期待できることを考慮すると、業績が特に悪くない限り、賞与あるいは金一封を支給するのがよい。

図表6−1　賞与制度の効果

①	勤労意欲の向上を図れる。
②	正社員については、賞与制度が広く行われているため、多くのパートタイマーが賞与の支給を期待している。
③	定着率が高まる。
④	募集・採用に効果がある。

⑵　支給の対象者

　賞与は、基本的に「成果の還元」という性格を持つものである。このため、支給対象者は、次の2つの条件を満たす者とするのが合理的である。

①　支給日当日在籍していること

②　支給日当日までに一定期間以上勤務していること

⑶　支給額決定の方法

　支給額決定の方法には、

・全員同額または同日数分を支給する

・一人ひとりについて、勤務態度および成績を評価して決める

の2つがある。

　「良く働いてくれた者に報いる」「仕事への取組み姿勢を高める」という観点からすると、パートタイマーの一人ひとりについて、勤務態度（協調性、規律性、その他）および成績（仕事の正確さ・速さ）を公正に評価して、支給額を決めるのが合理的である。

　　パートタイマーの賞与用の人事考課表➡様式例6−2

様式例6－1　パートタイマーの昇給用人事考課表

人事考課表（パートタイマー・昇給用）

被考課者	○○部○○課　（氏名）○○○○
考課対象期間	○○年○○月○○日～○○年○○月○○日

～考課対象期間中の勤務態度、能力および勤務成績を次の5段階で公正に評価
して下さい～

（評価区分）
S＝きわめて優れていた
A＝優れていた
B＝普通
C＝やや劣っていた
D＝劣っていた

評価項目	着眼点	評価
1　勤務態度		
規律性	・欠勤、遅刻はなかったか ・仕事において、上司の指示命令をよく守ったか	S　A　B　C　D 10　8　6　4　2
協調性	・上司・同僚との人間関係に気を配って仕事をしたか ・職場の和を重視して仕事をしたか	S　A　B　C　D 10　8　6　4　2
責任性	・与えられた仕事を最後まできちんとやり終えたか ・仕事への責任感・使命感があったか	S　A　B　C　D 10　8　6　4　2
2　能力		
業務知識・技能	・担当する業務の遂行に必要な知識・技能を習得しているか ・安心して仕事を任せることができるか ・知識の向上に努めているか	S　A　B　C　D 30　24　18　12　6
コミュニケーション能力	・仕事の進み具合や結果を簡潔・正確に報告できるか ・自分の意見や考えを簡潔に伝えられるか	S　A　B　C　D 10　8　6　4　2
行動力	・指示命令したことをすぐに実行しているか	S　A　B　C　D 10　8　6　4　2

317

	・仕事上のトラブルや障害を自力で解決しようとする意欲があるか	
3　勤務成績		
仕事の量	・能力や経験年数にふさわしい量の仕事をしたか ・与えられた仕事を迅速に遂行したか	S　A　B　C　D ├─┼─┼─┼─┤ 10　8　6　4　2
仕事の質	・与えられた仕事を正確に処理したか ・仕事において、ミスや不手際を起こすことはなかったか	S　A　B　C　D ├─┼─┼─┼─┤ 10　8　6　4　2
	合計点（100点満点）	点

考課者氏名	
考課者所見	

以上

様式例　６−２　パートタイマーの賞与用人事考課表

人事考課表（パートタイマー）
（○○年度夏季・年末賞与）

被考課者	○○部○○課　（氏名）○○○○
考課対象期間	○○年○○月○○日〜○○年○○月○○日

〜考課対象期間中の勤務態度および勤務成績を次の５段階で公正に評価して下さい〜

（評価区分）
S＝きわめて優れていた
A＝優れていた
B＝普通
C＝やや劣っていた
D＝劣っていた

評価項目	着眼点	評価
1　勤務態度		
協調性	・上司・同僚との人間関係に気を配って仕事をしたか ・職場の和を重視して仕事をしたか	S　A　B　C　D ├─┼─┼─┼─┤ 10　8　6　4　2
積極性	・与えられた仕事に前向きの姿勢で取り組んだか ・仕事の進め方の改善、能力の向上に努めたか ・仕事の内容に不平不満をいうことはなかったか	S　A　B　C　D ├─┼─┼─┼─┤ 20　16　12　8　4
責任性	・与えられた仕事を最後まできちんとやり終えたか ・仕事への責任感・使命感があったか	S　A　B　C　D ├─┼─┼─┼─┤ 20　16　12　8　4
2　勤務成績		
仕事の量	・能力や経験年数にふさわしい量の仕事をしたか ・与えられた仕事を迅速に遂行したか	S　A　B　C　D ├─┼─┼─┼─┤ 25　20　15　10　5
仕事の質	・与えられた仕事を正確に処理したか ・仕事において、ミスや不手際を起こすことはなかったか	S　A　B　C　D ├─┼─┼─┼─┤ 25　20　15　10　5
	合計点（100点満点）	点

考課者氏名	
考課者所見	

以上

第7章

安全衛生および災害補償

1　安全衛生

(基本的心得)
第45条　パートタイマーは、安全衛生に関する規則を遵守するとともに、会社の指示に従わなければならない。
(安全上の遵守事項)
第46条　パートタイマーは、災害防止のため、次の事項を守らなければならない。
　(1)　許可なく火気を使用しないこと
　(2)　通路、非常出口および消火設備のある場所に物品を置かないこと
　(3)　危険物を持ち込まないこと
(健康診断の受診)
第47条　会社が実施する健康診断を受けなければならない。

【条項の作成・運用のポイント】

(1)　安全衛生の基本的心得
　労働災害の防止は、会社にとってきわめて重要である。仕事に安易

に取り組むと、事故を引き起こす可能性が大きくなる。このため、パートタイマーに対して、

・安全衛生に関する会社の規則を遵守すること

・安全衛生についての会社の指示に従うこと

を明確にしておく。

(2) 火気の使用禁止等

災害防止のため、次の事項を守ることを定める。

① 許可なく火気を使用しないこと

② 通路、非常出口および消火設備のある場所に物品を置かないこと

③ 危険物を持ち込まないこと

(3) 健康診断の受診

会社が実施する健康診断の受診を義務付ける。

2 災害補償

（災害補償）

第48条　業務上の災害に対する補償については、労働基準法の定めるところによる。

【条項の作成・運用のポイント】

パートタイマーが業務上災害を受けたときは、会社はその災害を補償する義務を負っている。

業務上の災害に対する補償については、労働基準法の定めるところによる旨明記する。

第8章

表彰および懲戒

1　表彰および懲戒

(表彰)

第49条　パートタイマーが次のいずれかに該当するときは、金一封を贈り、これを表彰する。

(1)　業務上有益な発明、考案、工夫または改良のあったとき

(2)　社会的な善行または功績により、会社の名誉を高めたとき

(3)　災害、盗難または事故を未然に防いだとき、または非常事態のときに特に功労のあったとき

(懲戒)

第50条　パートタイマーが次のいずれかに該当するときは、懲戒を行う。

(1)　会社の規則にしばしば違反したとき

(2)　会社の指示命令に従わないとき

(3)　欠勤、遅刻、早退または私用外出を繰り返したとき

(4)　不注意または怠慢によって災害、事故を引き起こしたとき

(5)　故意に会社の業務を妨害したとき

(6)　許可なく会社の物品を持ち出したとき

(7) 職務上の地位、権限を利用して個人的な利益を図ったとき

(8) 他の社員に対してセクハラ、マタハラまたはパワハラをしたとき

(9) 職場の風紀、秩序を乱したとき

(10) 会社の金銭または物品を横領したとき

(11) その他会社に対して不都合なことをしたとき

（懲戒の種類）

第51条　懲戒は、その情状により、次のいずれかとする。

(1) 訓戒　　　始末書をとり、将来を戒める

(2) 減給　　　1回の額が1日の半額、総額が給与の10分の1の
　　　　　　　範囲内で減給する

(3) 出勤停止　　7日以内において出勤を停止する

(4) 懲戒解雇　　直ちに解雇する

【条項の作成・運用のポイント】

(1) 表彰の事由

パートタイマーの場合、表彰の事由としては、一般的には次のようなものであろう。

図表8-1　表彰の事由

① 業務上有益な発明、考案、工夫または改良のあったとき
② 社会的な善行または功績により、会社の名誉を高めたとき
③ 災害、盗難または事故を未然に防いだとき、または非常事態のときに特に功労のあったとき

(2) 懲戒の事由

懲戒処分の事由としては、次のようなものが考えられる。

図表8-2　懲戒の事由

①	会社の規則にしばしば違反したとき
②	会社の指示命令に従わないとき
③	欠勤、遅刻、早退または私用外出を繰り返したとき
④	不注意または怠慢によって災害、事故を引き起こしたとき
⑤	故意に会社の業務を妨害したとき
⑥	許可なく会社の物品を持ち出したとき
⑦	職務上の地位、権限を利用して個人的な利益を図ったとき
⑧	他の社員に対してセクハラ、マタハラまたはパワハラをしたとき
⑨	風紀、秩序を乱したとき
⑩	会社の金銭または物品を横領したとき
⑪	その他会社に対して不都合なことをしたとき

(3)　懲戒の種類

　懲戒の種類は、次のとおりとする。

図表8-3　懲戒の種類

訓戒	始末書を取り、将来を戒める
減給	1日の額が1日の半額、総額が給与の10分の1の範囲内で減給する
出勤停止	7勤務日以内において出勤を停止する
懲戒解雇	直ちに解雇する

2 損害賠償

(損害賠償)
第52条　故意または重大な過失によって会社に損害を与えたとき
　　は、その損害を賠償しなければならない。

【条項の作成・運用のポイント】

　パートタイマーは、一般的には、定型的・補助的な業務を担当する。
このため、会社に大きな損害を与えることは考えにくい。しかし、働
いている以上、その可能性が全くないとはいえない。そこで、念のた
め、故意または重大な過失によって会社に損害を与えたときの損害賠
償責任を定めておく。

(まとめ)
パートタイマー就業規則全文

　以上において紹介したパートタイマーの就業規則の条項を取りまとめて掲載すると、次のとおりである。

パートタイマー就業規則

第1章　総則

（目的）
第1条　この規則は、パートタイマーの労働条件および服務規律について定める。
（法令との関係）
第2条　労働条件についてこの規則に定めのない事項は、労働基準法その他の法令の定めるところによる。
（遵守の義務）
第3条　パートタイマーは、この規則を誠実に遵守し、他の社員とよく協力協調して業務を遂行しなければならない。

第2章　採用時の手続き

（労働条件の明示）
第4条　会社は、採用した者に対して、雇用期間、勤務時間および給与等の主要な労働条件を文書により明示する。

（提出書類）

第5条　採用された者は、採用後2週間以内に次の書類を提出しなければならない。

　⑴　身上調書

　⑵　住民票記載事項証明書

　⑶　身元保証書

　⑷　マイナンバー届出書

　⑸　その他会社が提出を求めた書類

2　前項の提出を怠ったときは、採用を取り消すことがある。

3　会社に届け出た事項について異動が生じたときは、速やかに届け出なければならない。

（身元保証人の条件）

第6条　身元保証人は、会社の近辺に居住し、かつ、経済力のある者でなければならない。

（個人情報の利用）

第7条　会社は、本人から取得した個人情報は、次の目的に限って利用し、それ以外の目的では使用しない。

　⑴　人事管理および給与管理

　⑵　税および社会保険の事務

第3章　雇用期間、退職および解雇

（雇用契約の期間）

第8条　雇用契約の期間は1年以内とし、個人別に定める。

（雇用契約満了日までの勤務義務）

第9条　パートタイマーは、雇用契約で定めた期間が満了するまで誠実に勤務しなければならない。

（継続雇用の申出）

第10条　パートタイマーは、雇用期間満了後も継続して勤務すること

を希望するときは、満了日の２週間前までに申し出なければならない。

（雇用契約の更新）

第11条　業務上必要であるときは、次の事項を評価したうえで雇用契約を更新し、雇用期間を延長する。

　⑴　勤務成績（仕事の正確さ、仕事の迅速さ）

　⑵　職務遂行能力

　⑶　勤務態度（協調性、規律性、積極性、責任性）

（雇用契約更新の通知）

第12条　会社は、雇用契約の更新を決めたときは、速やかに通知する。

（最高雇用年齢）

第13条　雇用年齢の上限は、満65歳とする。

（無期雇用への転換）

第14条　５年以上継続雇用された者が申し出たときは、期間の定めのない雇用に転換させる。

２　契約と契約との間に６か月以上の空白期間があるときは、空白期間の前の雇用期間は継続雇用の期間には通算しない。

（無期雇用への転換後の労働条件）

第15条　期間の定めのない雇用に転換した場合、身分、職務内容および給与その他の労働条件は、転換前と同一とする。

（雇止めの通知）

第16条　１年を超えて継続雇用した者について、業務上の都合により契約を更新しないことにしたときは、雇用契約満了日の30日前までに通知する。

（退職）

第17条　パートタイマーが次のいずれかに該当するときは、退職とする。

　⑴　雇用期間が満了したとき

(2)　退職届を提出し、会社がこれを受理したとき

(3)　死亡したとき

（退職届の提出）

第18条　退職を希望するときは、14日前までに退職届を提出しなければならない。

（解雇）

第19条　パートタイマーが次のいずれかに該当するときは、30日前に予告するか、または給与の30日分を支払い、解雇する。

(1)　精神または身体の障害によって、業務に耐えないと認められるとき

(2)　能率が著しく劣り、改善の見込みがないとき

(3)　勤務成績、勤務態度が著しく悪いとき

(4)　経営上の理由により、雇用の必要がなくなったとき

第4章　服務規律

（業務遂行上の基本的心得）

第20条　パートタイマーは、次の事項を誠実に遵守し、業務に精励しなければならない。

(1)　会社の指示命令および規則を守ること

(2)　職場の和を重視し、上司、同僚とよく協力・協調して業務を遂行すること

(3)　指示された業務は、責任をもって遂行すること

(4)　業務の遂行において判断に迷うときは、独断専行することなく、上司の意見を求めること

(5)　勤務時間中は業務に精励し、私語・雑談は慎むこと

(6)　業務の遂行中にトラブル、異常または事故が生じたときは、直ちに上司に報告し、対応策について指示を求めること

(7)　常に業務遂行能力の向上、能率と品質の向上に努めること

（職場での遵守事項）

第21条　職場においては、次の事項を遵守しなければならない。

(1)　勤務時間中は、みだりに職場を離れないこと

(2)　勤務時間中は、所定の制服を着用し、胸部にネームプレートを付けること

(3)　作業の安全に努めること

(4)　会社の設備、機械、器具および備品を私的に使用しないこと

(5)　職場の整理整頓に努めること

(6)　職場に私物を持ち込まないこと

(7)　火気の取り扱いには、十分注意すること

(8)　会社の施設内において、政治活動、市民活動その他業務に関係のない活動をしないこと

(9)　その他前各号に準ずる不都合なことをしないこと

（喫煙）

第22条　喫煙は、所定の場所で行わなければならない。

（セクハラ等の禁止）

第23条　他の社員に対して、次に掲げることをしてはならない。

(1)　性的な嫌がらせ

(2)　妊娠・出産に関する嫌がらせ

(3)　職務上の地位または関係を利用した嫌がらせ

（出退勤の心得）

第24条　出退勤について、次の事項を守らなければならない。

(1)　始業時刻前に出勤し、始業時刻から業務を開始できるように準備すること

(2)　自らタイムカードを打刻すること

(3)　業務が終了したときは、直ちに職場を離れること

2　マイカーによる通勤は、認めない。

（欠勤、遅刻および早退）

第25条　欠勤、遅刻および早退をしてはならない。

2　欠勤、遅刻または早退をするときは、あらかじめ届け出なければならない。やむを得ない事情で事前に届け出ることができないときは、事後速やかに届け出なければならない。

3　病気による欠勤が３日以上に及ぶときは、届出に医師の診断書を添付しなければならない。

4　公共交通機関の遅延その他、本人の責めによらない遅刻については、遅刻として取り扱わないことがある。

第５章　勤務時間、休日および休暇

（勤務時間・始業・終業時刻）

第26条　１日の勤務時間は８時間以内とし、始業および終業時刻は個人別に定める。

2　始業時刻前に出社し、始業時刻から直ちに業務を開始しなければならない。

3　終業時刻まで業務を遂行しなければならない。

（休憩時間）

第27条　休憩時間は、次のとおりとし、その時間帯は個人別に定める。

　⑴　勤務時間が６時間を超えるとき　　　45分

　⑵　勤務時間が８時間を超えるとき　　　１時間

（休日）

第28条　休日は、週に１日以上とし、個人別に定める。

（時間外・休日勤務）

第29条　業務上必要があるときは、所定勤務時間の前後または休日に勤務させることがある。

（年次有給休暇）

第30条　６か月以上継続して勤務し、かつ所定勤務日数の８割以上出

331

勤したときは、次の表に定める日数の年次有給休暇を与える。

	週5日以上勤務	4日勤務	3日勤務	2日勤務	1日勤務
勤続6か月	10	7	5	3	1
勤続1年6か月	11	8	6	4	2
勤続2年6か月	12	9	6	4	2
勤続3年6か月	14	10	8	5	2
勤続4年6か月	16	12	9	6	3
勤続5年6か月	18	13	10	6	3
勤続6年6か月	20	15	11	7	3

2　年次有給休暇を取得したときは、通常の勤務時間勤務したものと
みなす。

3　年次有給休暇を取得するときは、前日までに届け出なければなら
ない。

4　年次有給休暇のうち5日を除く日数については、計画的に与える
ことがある。

（年次有給休暇の時季指定付与）

第31条　年次有給休暇の日数が10日以上の者については、付与日から
1年以内に5日については時季を指定して与える。ただし、本人の
時季指定または計画的付与制度により付与した日数があるときは、
その日数を控除する。

（看護休暇）

第32条　小学校入学前の子を養育する者は、その子の負傷・疾病等の
世話をするための看護休暇を取得できる。

2　看護休暇の日数は、1年度（4月〜翌年3月）につき5日（子が
2人以上の場合は、10日）とする。

3　看護休暇は、1日単位のほか、半日単位でも取得できる。

4　看護休暇は、無給とする。

（介護休暇）

第33条　介護を必要とする家族を有する者は、その家族の介護その他

の世話をするための介護休暇を取得できる。

2　介護休暇の日数は、１年度（４月〜翌年３月）につき５日（対象
家族が２人以上の場合は、10日）とする。

3　介護休暇は、１日単位のほか、半日単位でも取得できる。

4　介護休暇は、無給とする。

（生理休暇）

第34条　生理日の就業が著しく困難な者が請求したときは、必要な日
数の休暇を与える。

2　生理休暇は、半日単位または時間単位で請求することができる。

3　生理休暇は、無給とする。

第6章　給与

（給与の形態と決定基準）

第35条　給与は、時間給とし、勤務した時間数に応じて支払う。

2　時間給は、次に掲げる事項を総合的に勘案して個人別に決定する。

　⑴　仕事の内容

　⑵　仕事の能力

　⑶　仕事の成績

　⑷　勤務時間帯、勤務時間数

　⑸　勤続年数

　⑹　その他

（計算期間・支払日）

第36条　給与の計算期間は、前月21日から当月20日までとし、25日に
支払う。当日が休日に当たるときは、その前日に支払う。

（支払方法）

第37条　給与は、本人の同意を得て、本人が届け出た口座に振り込む
ことによって支払う。

333

2　口座は、本人名義のものに限る。

（控除）

第38条　給与の支払いに当たり、次のものを控除する。

　⑴　所得税、住民税

　⑵　社会保険料の本人負担分

　⑶　労働組合と協定したもの

（通勤手当）

第39条　2km以遠から電車またはバスを利用して通勤する者に対しては、定期券代の実費を支払う。

（時間外勤務手当）

第40条　契約時間を超えて勤務させたときは、時間外勤務手当を支払う。1時間当たりの時間外勤務手当は、次のとおりとする。

　⑴　契約時間を超え、1日8時間以下の時間　　時間給相当額

　⑵　1日8時間を超える部分　　時間給×1.25

（休日勤務手当）

第41条　休日に勤務させたときは、休日勤務手当を支払う。1時間当たりの休日勤務手当は、次のとおりとする。

　⑴　月曜〜金曜日　　時間給×1.25

　⑵　土曜・日曜日　　時間給×1.35

（欠勤、遅刻等の控除）

第42条　欠勤した日については、給与は支払わない。

2　遅刻、早退または私用外出等によって勤務しない時間があったときは、日々の不就業時間を1か月総計し30分単位の切り上げ・切り捨て併用方式により処理する。そのうえで、不就業時間に相応する時間給を控除する。

（昇給）

第43条　昇給は、毎年4月に、各人の勤務態度、仕事の能力および仕事の成績を評価して行う。ただし、4月1日時点で勤続3か月以下

の者に対しては行わない。

2　前項の規定にかかわらず、業績が良好でないときは、昇給を行わないことがある。

（賞与の支給）

第44条　7月および12月の年2回、賞与を支給する。ただし、業績が良好でないときは、支給しないことがある。

2　賞与の支給対象者は、次のいずれにも該当する者とする。

　⑴　支給日当日在籍していること

　⑵　支給日当日までに3か月以上勤務していること

第7章　安全衛生および災害補償

（基本的心得）

第45条　パートタイマーは、安全衛生に関する規則を遵守するとともに、会社の指示に従わなければならない。

（安全上の遵守事項）

第46条　パートタイマーは、災害防止のため、次の事項を守らなければならない。

　⑴　許可なく火気を使用しないこと

　⑵　通路、非常出口および消火設備のある場所に物品を置かないこと

　⑶　危険物を持ち込まないこと

（健康診断の受診）

第47条　会社が実施する健康診断を受けなければならない。

（災害補償）

第48条　業務上の災害に対する補償については、労働基準法の定めるところによる。

第8章　表彰および懲戒

（表彰）

第49条　パートタイマーが次のいずれかに該当するときは、金一封を
　　贈り、これを表彰する。

　⑴　業務上有益な発明、考案、工夫または改良のあったとき

　⑵　社会的な善行または功績により、会社の名誉を高めたとき

　⑶　災害、盗難または事故を未然に防いだとき、または非常事態の
　　ときに特に功労のあったとき

（懲戒）

第50条　パートタイマーが次のいずれかに該当するときは、懲戒を行
　　う。

　⑴　会社の規則にしばしば違反したとき

　⑵　会社の指示命令に従わないとき

　⑶　欠勤、遅刻、早退または私用外出を繰り返したとき

　⑷　不注意または怠慢によって災害、事故を引き起こしたとき

　⑸　故意に会社の業務を妨害したとき

　⑹　許可なく会社の物品を持ち出したとき

　⑺　職務上の地位、権限を利用して個人的な利益を図ったとき

　⑻　他の社員に対してセクハラ、マタハラまたはパワハラをしたと
　　き

　⑼　職場の風紀、秩序を乱したとき

　⑽　会社の金銭または物品を横領したとき

　⑾　その他会社に対して不都合なことをしたとき

（懲戒の種類）

第51条　懲戒は、その情状により、次のいずれかとする。

　⑴　訓戒　　始末書をとり、将来を戒める

　⑵　減給　　1回の額が1日の半額、総額が給与の10分の1の範囲
　　　　　　　内で減給する

⑶　出勤停止　　　７日以内において出勤を停止する

⑷　懲戒解雇　　　直ちに解雇する

（損害賠償）

第52条　故意または重大な過失によって会社に損害を与えたときは、

その損害を賠償しなければならない。

（付則）

この就業規則は、〇〇年〇〇月〇〇日から施行する。

【著者紹介】

荻原　勝（おぎはら　まさる）
東京大学経済学部卒業。人材開発研究会代表。経営コンサルタント

〔著書〕
『働き方改革関連法への実務対応と規程例』、『人事考課制度の決め
方・運用の仕方』、『人事諸規程のつくり方』、『実務に役立つ育児・介
護規程のつくり方』、『人件費の決め方・運用の仕方』、『賞与の決め
方・運用の仕方』、『諸手当の決め方・運用の仕方』、『多様化する給与
制度実例集』、『給与・賞与・退職金規程』、『役員・執行役員の報酬・
賞与・退職金』、『新卒・中途採用規程とつくり方』、『失敗しない！新
卒採用実務マニュアル』、『節電対策規程とつくり方』、『法令違反防止
の内部統制規程とつくり方』、『経営管理規程とつくり方』、『経営危機
対策人事規程マニュアル』、『ビジネストラブル対策規程マニュアル』、
『社内諸規程のつくり方』、『執行役員規程と作り方』、『執行役員制度
の設計と運用』、『個人情報管理規程と作り方』、『役員報酬・賞与・退
職慰労金』、『取締役・監査役・会計参与規程のつくり方』、『人事考課
表・自己評価表とつくり方』、『出向・転籍・派遣規程とつくり方』、
『IT時代の就業規則の作り方』、『福利厚生規程・様式とつくり方』、『す
ぐ使える育児・介護規程のつくり方』（以上、経営書院）など多数。

就業規則・給与規程の決め方・運用の仕方

2019年7月14日　第1版　第1刷発行　　　定価はカバーに表
　　　　　　　　　　　　　　　　　　　　　　示してあります。

著　者　荻原　　勝

発行者　平　　盛之

発行所　㈱産労総合研究所
　　　　出版部　経|営|書|院

〒112-0011
東京都文京区千石4-17-10　産労文京ビル
電話03（5319）3620　振替00180-0-11361

落丁・乱丁本はお取り替えいたします。　　　印刷・製本　中和印刷株式会社
本書の一部または全部を著作権法で定める範囲を超えて，無断で複写，複製，転載する
こと，および磁気媒体等に入力することを禁じます。

ISBN978-4-86326-283-6